W0285120

Lieblingsstücke

KORK

20 kreative Nähprojekte von DaWanda-Designern

DaWanda
Products with Love

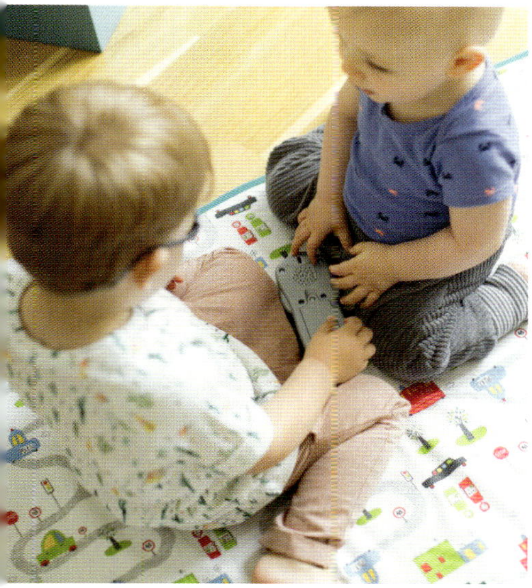

ZEIT FÜR NEUE **ABENTEUER**

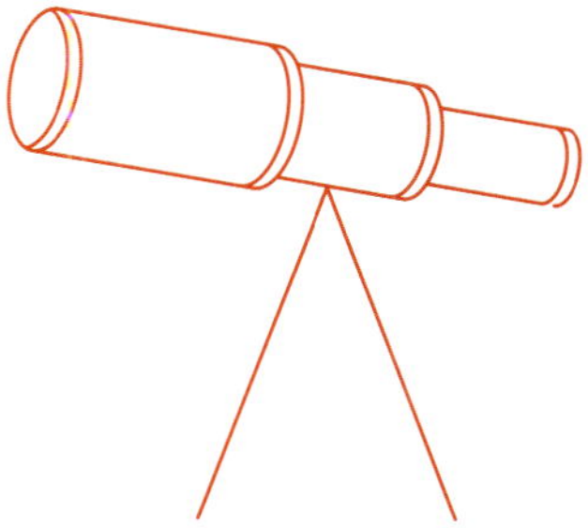

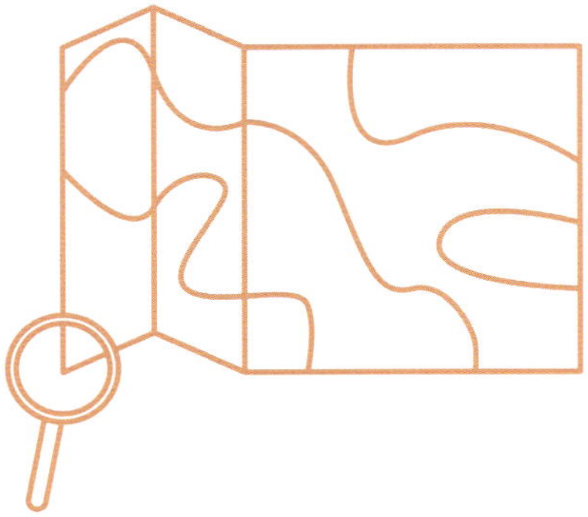

ENTDECKE **DIE KREATIVE WELT** DES KORKS!

Setze die Segel und starte in Dein neues Abenteuer, denn es erwarten Dich 20 ausgewählte Kork-Projekte! Kreative Designer von DaWanda zeigen Dir ihre Anleitungen und geben wertvolle Tipps rund um dieses vielseitige Material.

Auf der weltweit führenden Kreativmesse Creativeworld als Produkt des Jahres 2016 ausgezeichnet, haben die kreativen DaWanda-Designer den Stoff längst für sich entdeckt: Zahlreiche der schönsten und trendigsten Objekte sind in diesem Buch mit Schritt-für-Schritt-Anleitungen, großformatigen Fotos und Tipps und Tricks fürs Nachmachen von den Designern persönlich zusammengetragen.

Lerne die Designer hinter den spannenden Projekten kennen, lasse Dir von ihnen ihre detaillierten Anleitungen vorstellen und profitiere von ihren Erfahrungen! Schau doch auch im DaWanda DIY-Portal (http://de.dawanda.com/do-it-yourself/) vorbei! Die kreativen Anleitungen von DaWanda warten schon darauf, von Dir entdeckt zu werden!

Starte jetzt!

SEESACK
SAILORCAT

MATERIAL

- Korkleder: 70 x 25 cm & 25 x 25 cm
- Segeltuch/Nessel/Canvas: 70 x 30 cm
- Innenfutter aus Baumwollstoff: 70 x 55 cm & 25 x 25 cm
- Baumwollseil: 8 mm, 2,50 m Länge
- Metallösen: 8 mm Durchmesser, 8 Stück
- Nylonband: 16 cm

WERKZEUG

- Schere
- Stecknadeln
- Hammer
- Schnur
- Maßband
- Stift
- Ösenwerkzeug
- Nähgarn
- Nähmaschine
- Bügeleisen

Alle Nahtzugaben sind bereits enthalten.

ANLEITUNG

Im ersten Schritt benötigst Du: Korkleder 25 cm x 25 cm, Stift und Schnur. Knote die Schnur an Deinen Stift. Miss nun 12 cm vom Stift zum Ende der Schnur und mache an dieser Stelle einen Knoten. Suche Dir die Mitte Deines Korklederstücks, platziere dort den zuvor gemachten Knoten und halte die Schnur mit Deinem Finger fest. Ziehe Deinen Stift mit gespannter Schnur einmal herum, um Dein Schnittteil für den Boden zu erhalten. Der Boden sollte einen Durchmesser von 24 cm haben.

Wiederhole diesen Arbeitsschritt mit dem kleinen Stück Stoff für das Innenfutter.

ℹ Wenn Du Deinen Seesack einfarbig haben möchtest, entfällt dieser Schritt. Schneide den Stoff direkt in den Maßen 70 x 55 cm zu.

Schneide nun das Nylonband in 2 Teile. Diese werden später die Schlaufen um das Baumwollseil befestigen. Du benötigst 2 x 3 cm.

Im nächsten Schritt wird das Segeltuch an das lange Korklederstück genäht, um die Außenseite Deines Seesacks zu erhalten. Lege die Stoffe dazu rechts auf rechts aufeinander und fixiere sie mit Stecknadeln.

Nähe die beiden Stoffe entlang der langen Kante (Abstand 1 cm) zusammen. Solltest Du nicht mit einer Overlockmaschine nähen, muss der Rand anschließend mit einem Zickzackstich versäubert werden.

Klappe den Stoff auf und fixiere ihn wieder rechts auf rechts entlang der anderen Kante. Die zuvor gesetzte Naht sollte genau aufeinanderliegen. Nähe mit einem Abstand von 1 cm entlang der Kante. Versäubere anschließend die Nahtzugabe.

Wiederhole diesen Arbeitsschritt mit dem Innenfutter. Der Stoff muss entlang der kurzen Seite aufeinandergelegt werden.

Nun wird der Boden an der Außenseite angebracht. Fixiere den Boden zunächst mit Stecknadeln. Achte darauf, dass Deine Stoffe alle auf links gedreht sind. Lege die Nylonbänder zu einer Schlaufe und befestige sie ebenfalls mit Stecknadeln ca. 15 cm neben der Rücknaht zwischen dem Boden und dem Außenstoff. Die Enden des Nylonbandes sollten ungefähr 1,5 cm überlappen.

Nähe den Boden mit einem Abstand von 1 cm entlang der Kante fest.

Nähe nun den Boden des Innenfutters rechts auf rechts an den Innensack. Versäubere die Kanten.

ALLES FÜR **DIE KATZ?!**

Nichts ist so lässig wie eine Samtpfote. Um genauso cool herumzutigern, gibt Dir Mietzihila die nötige Cattitude. Mietzihila ist einfach katztastisch!

Mietzihila ist ein kleines, aber feines Label aus dem schönen Frankenland. Mietzihila wurde 2012 von Kerstin Angermüller gegründet und hat sich mittlerweile in ein Familienprojekt gewandelt – die perfekte Ausgangslage, um von Liebe zu seinen Produkten zu sprechen. Im kleinen Atelier zwischen vielen tollen Stoffen und noch mehr Ideen wird ständig an neuen wundervollen Sachen gearbeitet. Hierbei steckt die Liebe im Detail.

Kleidungsstücke, Taschen, Beanies, Caps und weitere Accessoires werden für Dich in liebevoller Handarbeit gefertigt. Dabei entstehen individuelle Einzelstücke oder streng limitierte Editionen. Besonders großen Wert wird auf ein ausgefallenes Design und hohe Qualität gelegt. Die Produkte von Mietzihila fallen unter die Kategorie Street Style: lässig, sportlich, tragbar und absolut bezahlbar. Zusätzlich sind alle Produkte vegan, denn Mietzihila liebt Tiere.

MIETZIHILA
www.mietzihila.de

11

Drehe den Innensack auf links und stülpe ihn über den Außenstoff. Achte darauf, dass die beiden Nähte aufeinanderliegen.

12

Bügele die Oberkante Deines Seesacks 2 cm um. Das Innenfutter ist nach außen gedreht.

Im nächsten Schritt wird die Kante ein weiteres Mal 3 cm umgeschlagen und gebügelt.

Nähe Deine umgebügelte Kante einmal außen herum fest.

Lege Deinen Seesack flach auf den Boden. Die hintere Naht sollte sich außen befinden. Verteile 4 Ösen gleichmäßig entlang der umgeschlagenen Kante und markiere diese Position mit Deinem Stift. Wiederhole den Vorgang auf der anderen Seite. Befestige dann die Ösen.

Schlage an den zuvor markierten Positionen ein Loch für die Ösen. Nun kannst Du die Ösen befestigen.

Nun wird das Baumwollseil eingefädelt. Beginne neben der hinteren Naht.

Zum Schluss werden die beiden Ende des Seils an den jeweiligen Schlaufen befestigt. Echte Seebären verknoten das Seil mit einem Achterknoten. Du kannst das Seil natürlich auch mit einem ganz normalen Knoten befestigen.

OHRSTECKER AUS KORK

ANLEITUNG

1

Drucke einen Kreis mit 12 mm Durchmesser auf festem Papier aus und schneide ihn aus. Dieser Kreis dient als Schablone.

2

Übertrage den Kreis zweimal auf das Korkleder und schneide beide Kreise mit einer kleinen Schere aus.

MATERIAL

- Korkleder
- Flexfolie in einer Farbe Deiner Wahl
- Ohrsteckerrohlinge mit 12 mm Innendurchmesser

WERKZEUG

- Schmuckkleber
- ein kleines Stück Backpapier
- eine kleine Schere (evtl. gebogene Nagelschere)
- festes Papier & Drucker

Bling-**Bling**

Schneide nun ein kleines Stück von der Flexfolie ab und positioniere sie so auf dem Kork, dass etwas weniger als die Hälfte des Korks bedeckt ist.

Lege ein Stück Backpapier darauf und bügele die Flexfolie auf dem Kork fest. Halte Dich bei der Bügeltemperatur und -dauer an die Anleitung der Flexfolie.

4

Lasse die Folie abkühlen, schneide dann die überstehenden Ränder der Flexfolie mit einer kleinen Schere sauber ab. Danach kannst Du vorsichtig die Übertragungsfolie abziehen.

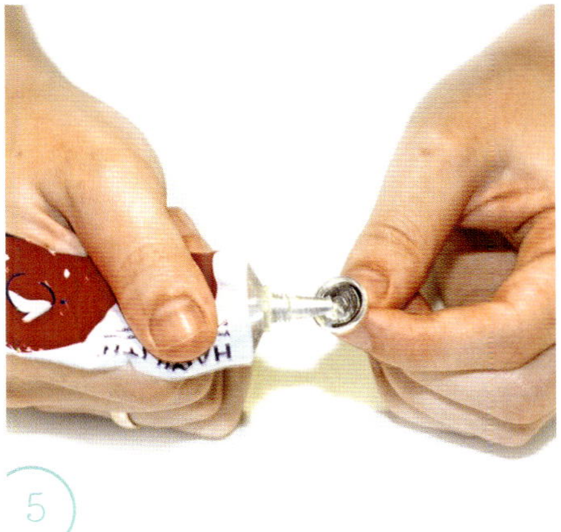

5

Klebe die verzierte Korkscheibe mit Schmuckkleber in die Ohrringfassung. Fertig sind Deine individuellen Ohrstecker aus Kork.

AUS DEM **ELFENLAND**

Mein Name ist Melanie Elflein und ich verkaufe unter dem Label Made by 11-lein handgemachte Kleinigkeiten wie z. B. Handytaschen, Umhängetaschen und Schmuck. Besonders gerne mag ich schlichtes und minimalistisches Design, bei dem das Material im Mittelpunkt steht. Sehr gerne verarbeite ich hochwertigen Wollfilz, den ich mit einfachen Motiven oder Schriftzügen beflocke. Vor kurzem habe ich Korkleder für mich entdeckt und bin fasziniert von der angenehmen Haptik und dem natürlichen Look des Materials.

MADE BY
11-lein

MATERIAL

- farbiger Kork
- Druckknöpfe oder Kam Snaps

WERKZEUG

- Zange
- Nähmaschine
- Nähutensilien

✂ Alle Nahtzugaben sind bereits enthalten.

LAPTOP-TASCHE

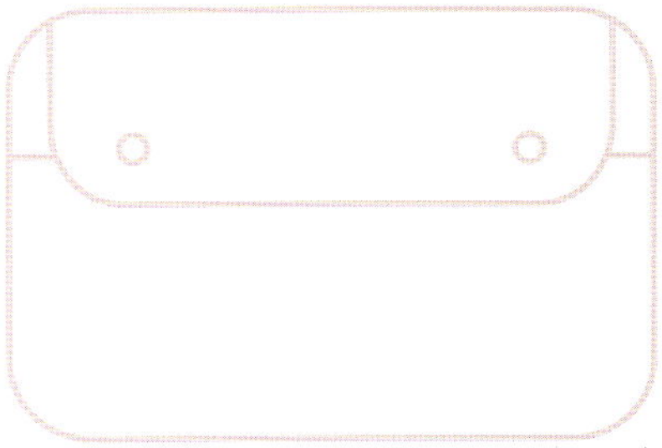

ANLEITUNG

Vorbereitung. Lege Dir zunächst Dein Material zusammen. Überlege Dir, welche Korkfarben Du miteinander kombinieren möchtest.

ℹ Du kannst die Maße auch individuell auf Dein Gerät anpassen. Diese Maße sind für einen 13"-Laptop gedacht. Miss einfach Dein Gerät aus und addiere links, rechts und unten 3 cm (oben nichts hinzufügen) für die beiden großen Rechtecke aus der Hauptfarbe. Für die aufgesetzte Tasche ziehst Du von diesen Maßen 7 cm in der Höhe ab. Die Lasche ist 5 cm schmaler als die großen Rechtecke und 13 cm hoch.

Zuschnitt. Schneide aus der Hauptfarbe zwei Rechtecke in der Größe 37 x 27 cm zu. Aus der zweiten Farbe, die nachher die aufgesetzte Tasche bildet, schneidest Du ein Rechteck mit den Maßen 37 x 20 cm zu. Außerdem benötigst Du eine Lasche mit den Maßen 32 x 13 cm. Runde nun bei den beiden großen Rechtecken alle Ecken gleichmäßig ab. Hierfür kannst Du einen runden Gegenstand, z. B. ein Glas, auf die Ecken legen, abzeichnen und abschneiden. Bei der Lasche und dem Stoffstück für die Außentasche rundest Du nur die unteren beiden Ecken ab.

Außentasche abnähen. Knicke nun den oberen Rand der Außentasche (37 x 20 cm) 2 cm um und nähe ihn mit einem Geradstich oder Zierstich fest.

Lasche platzieren. Lege nun die Lasche mit der rechten Seite nach unten auf eines der beiden Hauptrechtecke, 2 cm vom oberen Rand entfernt. Die nicht abgerundeten Kanten sind dabei oben. Nähe die Lasche dann knapp neben der oberen Laschenkante fest.

Lasche absteppen. Klappe die Lasche nach oben um und steppe sie einmal nah an der Kante und ein zweites Mal 1,5 cm von der Kante entfernt ab.

Druckknöpfe an der Lasche anbringen. Bringe nun zwei Druckknopfoberseiten gleichmäßig an die Lasche an. Ich habe sie 5 cm vom linken und rechten Rand und 2 cm vom unteren Rand entfernt angebracht.

Blende vorbereiten. Schneide Dir aus der Hauptfarbe noch eine Blende mit den Maßen 30 x 4 cm zu. Lege die Blende auf die Lasche mit den Druckknöpfen und markiere mittig den Abstand der Druckknöpfe auf der Blende. Bringe dann hier die beiden Gegenstücke der Druckknöpfe an.

Blende annähen. Lege die Blende mit den Druckknöpfen so auf die rechte Seite des großen Rechtecks ohne Lasche, dass wenn Du die andere Seite dahinterlegst, die Lasche locker schließen kannst. Nähe dann die Laschen einmal ringsherum fest.

Außentasche aufnähen. Lege nun das Stück für die Außentasche mit der umgenähten Kante nach oben bündig an den unteren Rand des Rechtecks mit Blende. Nähe nun mittig eine gerade Naht nach oben, so unterteilst Du die Außentasche in zwei Fächer.

Tasche zusammennähen. Lege jetzt das Rechteck mit der Lasche mit der rechten Seite nach unten vor Dich hin (die Lasche ist nach oben aufgeklappt). Darauf kommt das Rechteck mit der Außentasche mit der rechten Seite nach oben. Am besten steckst Du alles mit Wonder Clips fest. Nähe nun nähfüßchenbreit außen um die Tasche drumherum. Hierbei bringst Du die Tasche links, unten und rechts zusammen. Oben nähst Du natürlich nicht ab.

Rand gerade schneiden. Schneide nun den Rand noch einmal rundherum gerade, falls dieser verrutscht sein sollte.

NICHT NUR **NACHTAKTIV**

Ich bin Nastja von DIY Eule. Ich liebe kreative Ideen. Ob nähen, häkeln, basteln oder upcycling – Hauptsache selber machen und am liebsten jeden Tag!

Do It Yourself – Eigene und liebevolle Einzelstücke, kurz: DIY Eule. Ein paar meiner Sachen verkaufe ich in meinem DaWanda Shop. Ansonsten versuche ich, euch regelmäßig mit tollen Näh-, Häkel- und DIY-Anleitungen zu versorgen.

Hier geht es zu meinem YouTube Channel: youtube.com/diyeule

Auf facebook bleibt ihr immer auf dem Laufenden: facebook.com/DIYeule

KORK-CLUTCH

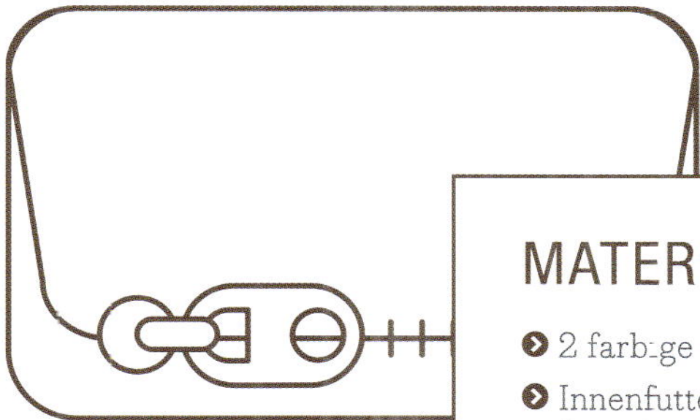

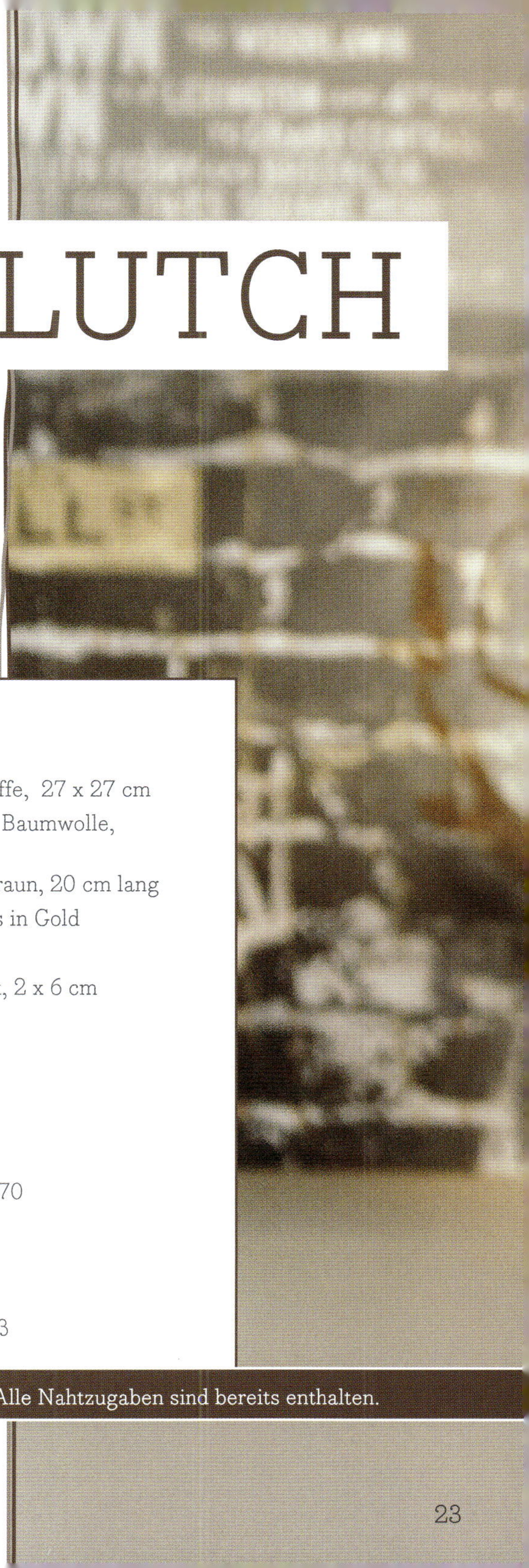

MATERIAL

- 2 farbige Korkstoffe, 27 x 27 cm
- Innenfutter beige Baumwolle, 27 x 27 cm
- Reißverschluss braun, 20 cm lang
- Magnetverschluss in Gold
- Nähgarn
- 2 Endstücke Kork, 2 x 6 cm

WERKZEUG

- Schere
- Lineal
- Nähnadel Stärke 70
- Stift/Marker
- Stecknadeln
- Rollschneider
- Reißverschlussfuß

✂ Alle Nahtzugaben sind bereits enthalten.

ANLEITUNG

Zunächst zeichnest Du Dir aus den beiden Korkstoffen und dem Innenfutterstoff ein Quadrat mit der Größe 27 x 27 cm ein. Schneide alle Teile mit einem Rollschneider aus, sodass Du zwei Korkteile und zwei Innenfutterstoffe vor Dir liegen hast.

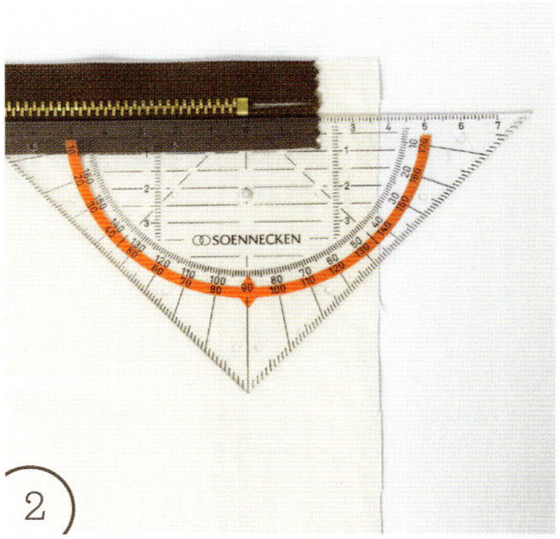

Lege einen Futterstoff vor Dich hin und platziere den Reißverschluss an der oberen Kante, messe hier jeweils an den beiden Außenkanten den Abstand so, dass dieser gleich ist.

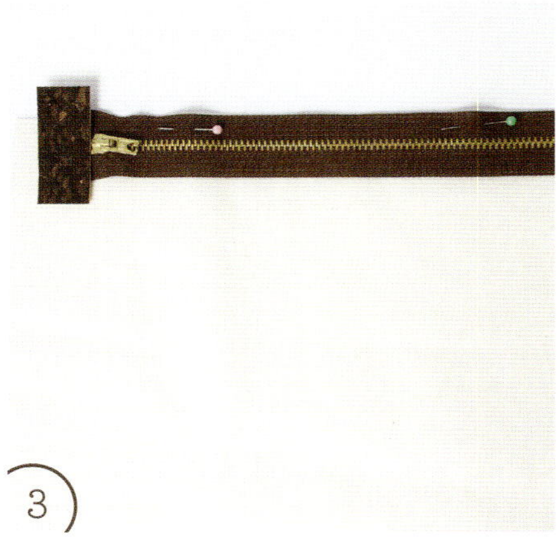

Platziere an den beiden Außenkanten die Endstücke 2 x 6 cm. Stecke den Reißverschluss mit Nadeln am Innenfutter fest.

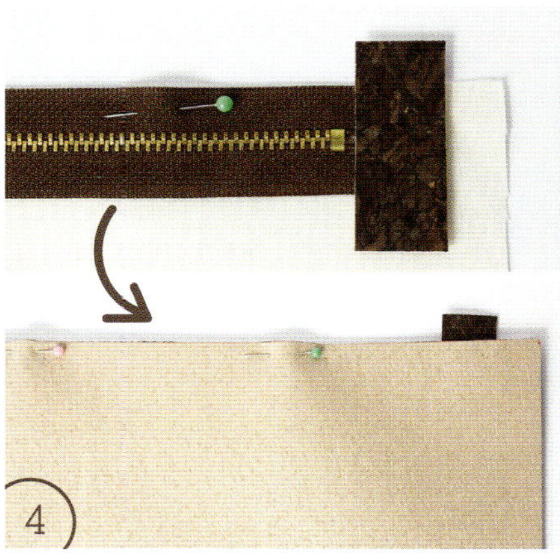

Jetzt wird ein Korkstoff mit der schönen Seite nach unten zeigend auf den Reißverschluss und auf das Innenfutter gelegt und mit den Nadeln festgesteckt.

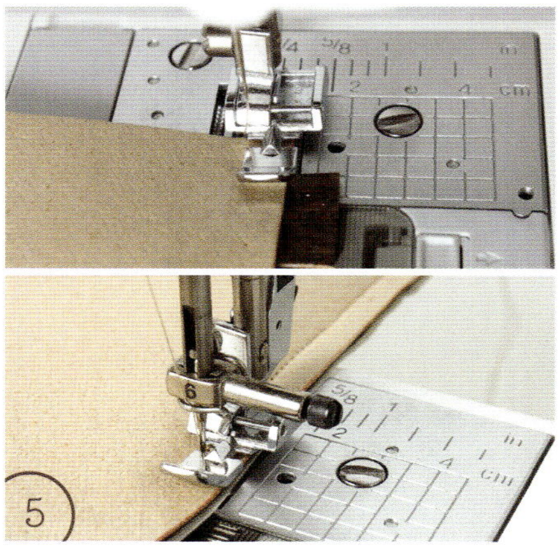

Nähe jetzt mit einem Reißverschlussfuß das Innenfutter, Reißverschluss und den Kork zusammen, achte hier darauf, dass Du sehr knapp am Reißverschluss nähst, ca. eine Breite vom Nähfuß.

Den gleichen Vorgang wiederholst Du jetzt auf der anderen Seite des Reißverschlusses. Futterstoff, Reißverschluss oben wieder an der Kante anlegen, feststecken und den Korkstoff mit der schönen Seite nach unten darauflegen und feststecken. Dieses auch zusammennähen.

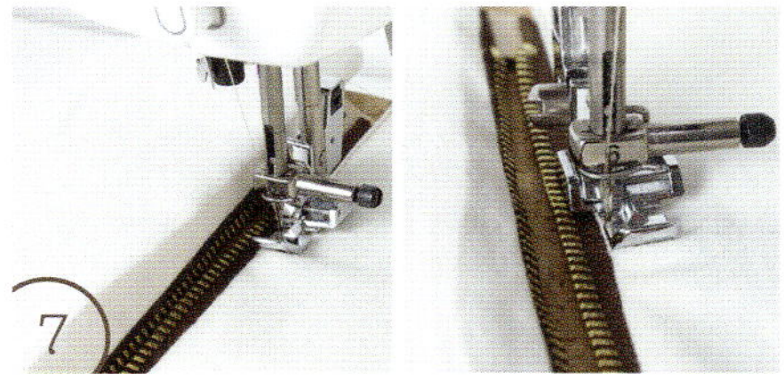

7

Nun klappst Du Dir die beiden Seiten des Innenfutters auf und nähst diese auch sehr knapp am Reißverschluss fest, damit der Reißverschluss beim Öffnen und Zumachen nicht im Stoff hängen bleibt.

8

Nun klappe Deine Clutch einmal zusammen, sodass Du ca. in der Mitte die obere Hälfte hast. In dieser Höhe wird der Magnetverschluss angebracht. Markiere Dir hier kurz, wo Dein Magnetverschluss angebracht werden soll. Klappe nun Deine Clutch auf, sodass Du hier die beiden schönen Korkseiten vor Dir liegen hast, miss Dir den Abstand von unten bis zum Magnetverschluss ab.

FACETTEN-
REICH

Hinter dem Label KTRYNA steckt die Designerin Katharina Lehmann, die 2013 das Taschen-Label KTRYNA gegründet hat und mit viel Liebe, Leidenschaft und 100 % Handarbeit in Kleinstauflage in ihrem Atelier produziert.

Katharina Lehmann kreiert ihre Taschen aus nachhaltigen Materialien wie Kork, Papier sowie aus Kunst- bzw. Bioleder und edlen Stoffen. Für ihre Taschen verwendet sie nur ausgesuchte, erstklassige Materialien.

So facettenreich wie die ausgewählten Materialien sind auch die Kreationen, die durch einen gekonnt eingesetzten Materialmix und ein einzigartiges Design auf sich aufmerksam machen. Das Oldenburger Label KTRYNA steht für moderne und modebewusste Kunden, die etwas Besonderes, ein handgemachtes Designerstück besitzen möchten. Bei KTRYNA findet jede Frau die zu ihr passende Handtasche, sei es für die Freizeit, den romantischen Abend, für ihre Hochzeit oder für die nächste Party.

Die verschiedenen Taschen-Kollektionen werden im Online-Shop sowie in kleinen Boutiquen in Hamburg vertrieben. www.ktryna.de

KTRYNA

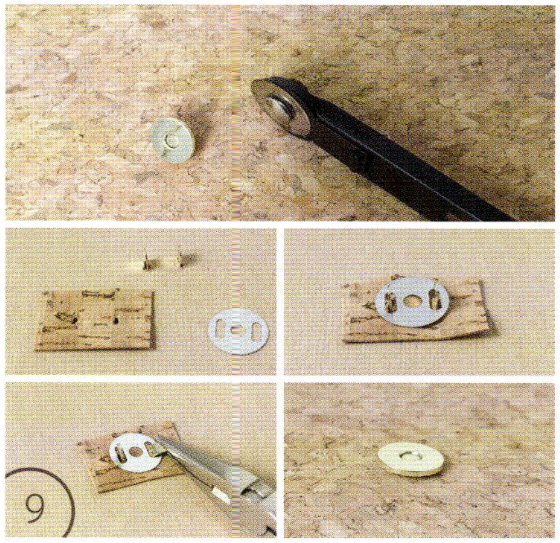

9

Markiere Dir die beiden Punkte und schneide mit einem Messer zwei kleine Einschnitte ein. Setze den unteren Magnetverschluss ein.

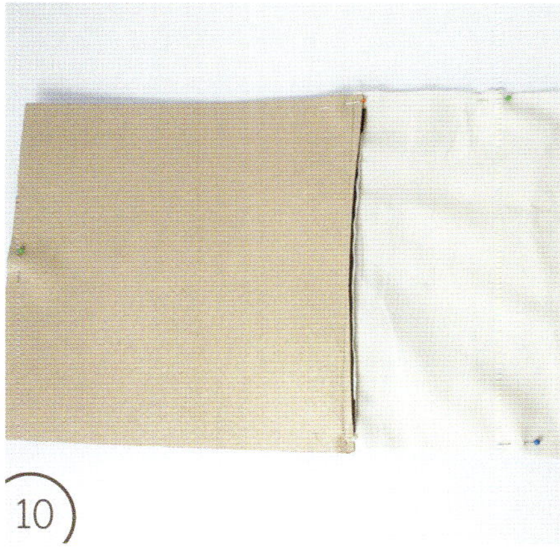

10

Lege die beiden Korkstoffe mit der schönen Seite aufeinander, auf der gegenüberliegenden Seite die beiden Innenfutterstoffe. Öffne den Reißverschluss, damit Du später die Clutch wenden kannst.

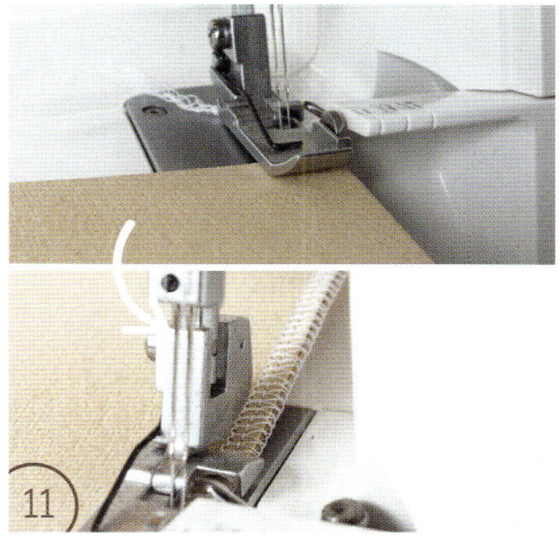

11

Nähe jetzt mit der Overlock die Clutch zusammen, achte aber darauf, dass die untere Seite vom Innenfutter zum Wenden der Clutch offen bleibt. Wenn Du keine Overlock besitzt, kannst Du Deine Clutch auch mit einer normalen Nähmaschine zusammennähen.

12

Wende Deine Clutch, hier benötigst Du etwas Kraft, da der Korkstoff sehr fest ist.

13

Ziehe jetzt das Innenfutter heraus und nähe die offene Seite zusammen.

TABLET HOLDER

AUS KUPFER UND KORKSTOFF

MATERIAL:

- Kupferrohr, ca. 65 cm lang, Ø 18 mm
- 2 x T-Stück aus Kupfer, Ø 18 mm
- 4 x 90-Grad-Winkel aus Kupfer, Ø 18 mm
- 4 x Endkappen aus Kupfer, Ø 18 mm
- Korkstoff (am besten dick und robust, ca. 450 g/m^2), 7 cm x 31 cm

WERKZEUG:

- 2-Komponenten-Kleber
- Kupferrohrschneider für Kupferrohre mit einem Durchmesser 0–32 mm
- Nähgarn in Weiß
- Permanent-Marker
- Lineal
- Nähmaschine

ANLEITUNG

(1) Zu Beginn solltest Du einen Tunnel rechts und links von dem Korkstoff mit der Nähmaschine nähen. Dazu schlägst Du die Seiten jeweils links auf links 4,5 cm ein und nähst ein Füßchenbreit mit Geradstich auf der rechten Seite den Umschlag zusammen.

(2) Nun wird das Kupferrohr mit dem Kupferrohrschneider zugeschnitten. Dazu nimmst Du das Lineal und den Permanent-Marker und markierst Dir auf dem Kupferrohr die unten angegebenen Zuschnitte.

4 x 2,5 cm | 2 x 5 cm | 2 x 10 cm | 1 x 15 cm

Danach schneidest Du mit dem Kupferrohrschneider die einzelnen Kupferrohrstücke ab und legst Dir diese zurecht.

(3) Jetzt wird der Tablet Holder von unten nach oben verklebt. Dazu mischst Du den 2-Komponenten-Kleber, wie in dessen Gebrauchsanweisung beschrieben ist, an (Mischverhältnis 1:1).

(4) Nimm nun die zwei T-Stücke aus Kupfer in die Hand. Jede Öffnung der T-Stücke sowie der vier Kupfer-Endkappen und der 90-Grad-Winkel muss von der Innenseite mit dem Kleber versehen werden. Du kannst Dir in dieser Phase ruhig Zeit lassen, da der Kleber seine Wirkung erst nach 12 Stunden zeigt.

Ordne die Kupferteile wie in Bild A an.

A

5 Stecke die mit Kleber versehenen Teile wie folgt zusammen: jeweils eine Endkappe mit einem 2,5-cm-Kupferrohrstück und einem T-Stück verbinden. Auf der anderen unteren Seite des jeweiligen T-Stücks ein 5-cm-Kupferrohrstück und die 90-Grad-Winkel verkleben. Diese werden mit jeweils einem 2,5-cm-Kupferrohrstück und einer Endkappe verschlossen. Die Füße des Tablet Holders sind jetzt fertig.

6 Nun werden jeweils die 10 cm langen Kupferrohrstücke auf die obere Öffnung der T-Stücke gesteckt. Die übrig gebliebenen zwei 90-Grad-Winkel werden jeweils auf das 15 cm lange Kupferrohrstück auf der linken und rechten Seite befestigt. Ordne die fast fertiggeklebten Teile wie auf dem Bild B an.

7 Stülpe das am Anfang fertiggenähte Korkstoffstück mit der rechten Seite nach vorne jeweils auf eins der 10 cm langen Kupferrohrstücke. Das 15 cm lange Kupferrohrstück mit den zwei 90-Grad-Winkeln befestigst Du jeweils auf einem der 10 cm langen Kupferrohrstücke von oben.

8 Du musst den fertigen Tablet Holder 12 Stunden lang ruhen lassen, damit der Kleber fest ist.

B

INDIVIDUELL

eve & adis, ansässig in Süddeutschland in der Nähe vom Bodensee und den Alpen, produziert sorgfältig entworfene und handgefertigte Waren.

Die Verwendung von organischen Materialien steht für die Gründer Eva-Maria Scheyer & Adis Mataruga an erster Stelle.

Sie verbinden klare Linien und Formen mit Boho-Chic und glauben, dass der einfachste, nachhaltigste Weg immer der beste ist. eve & adis lässt sich nicht von Trends beeinflussen und wird auch weiterhin bezahlbaren Luxus für gleichgesinnte Invidualisten bieten.

eve & adis

eveandadis.com

MATERIAL

- 0,5 m Korkstoff
- 0,5 m fester Baumwollstoff für außen
- 0,5 m Stoff für innen
- 0,5 m feste Einlage
- Magnetverschluss
- 2 m Gurtband

WERKZEUG

- Schieber
- Eckringe
- Nähmaschine
- Nähutensilien

Alle Nahtzugaben sind bereits enthalten.

KORKTASCHE

ANLEITUNG

Material. Lege Dir zunächst all Deine Materialien zurecht. Besorge Dir ein schönes Korkleder und einen passenden Außenstoff.

Schneide Dir folgende Teile zu:
Korkstoff: 2 x Rechtecke 17 x 32 cm für den Hauptteil der Tasche, 1 x Rechteck 17 x 22 cm für die Lasche

Außenstoff: 4 x Rechtecke 15 x 32 cm für den Hauptteil der Tasche, 2 x Rechtecke 15 x 22 cm für die Lasche

Innenstoff: 2 x Rechtecke 43 x 32 cm für den Hauptteil der Tasche, 1 x Rechteck 43 x 22 cm für die Lasche, 1 x Rechteck 30 x 25 cm für die Innentasche

Feste Einlage: 2 x Rechtecke 43 x 32 cm für den Hauptteil der Tasche, 1 x Rechteck 43 x 22 cm für die Lasche

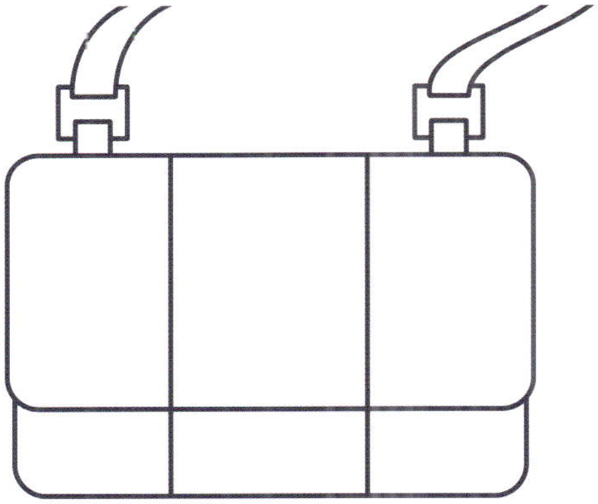

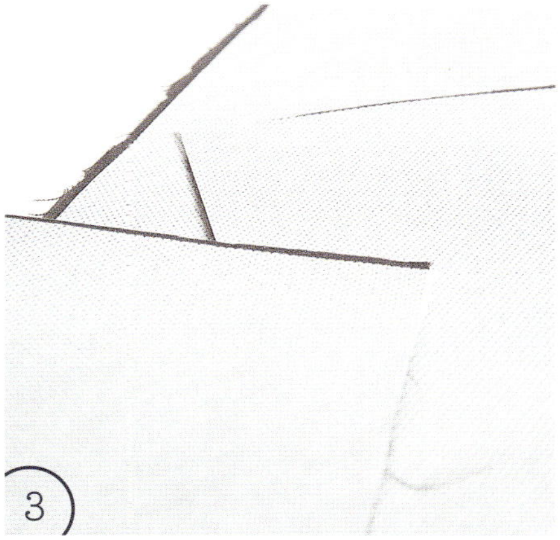

Aufbügeln. Bügele die feste Einlage auf die beiden großen Rechtecke des Innenstoffes und auch auf das Rechteck des Innenstoffes für die Lasche.

Innentasche nähen. Klappe den Zuschnitt für die Innentasche rechts auf rechts zusammen und nähe einmal darum herum. Lass jedoch an der langen Kante eine Wendeöffnung. Schneide dann die Ecken zurück und wende die Innentasche.

Innentasche aufnähen. Lege die Tasche nun mit der Wendeöffnung nach unten auf eines der Innenstoffteile auf die rechte Seite und nähe sie links, rechts und unten an.

Hauptteile zusammennähen. Lege nun rechts und links von jedem der größeren Korkstreifen ein Canvasrechteck an. Klappe diese wie im Bild rechts auf rechts zusammen und stecke alles fest. Am besten benutzt Du hier Klemmen und keine Stecknadeln, um keine Löcher im Kork zu hinterlassen.

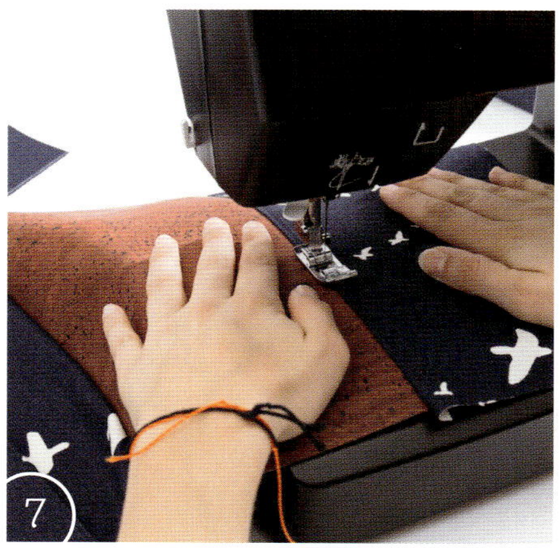

Nähe dann entlang der beiden Kanten und wiederhole dies auch für das andere lange Korkstück und für die Lasche.

Absteppen. Klappe nun den Stoff um und steppe alles noch einmal von oben ab. Hierbei nähst Du auch die Nahtzugaben fest.

Druckknopf anbringen. Bringe die eine Seite des Druckknopfes an der Lasche an. Achte darauf, dass der Druckknopf mittig sitzt und ca. 4 cm vom Rand entfernt ist.

Lasche nähen. Lege die Vorderseite der Lasche rechts auf rechts auf den Innenstoff der Lasche und stecke wieder alles fest. Nähe jetzt an drei Seiten fest: an den beiden kurzen Kanten und an der langen unteren Kante (die mit dem Druckknopf).

Lasche annähen. Lege nun die Lasche an ein Außenteil der Tasche, sodass der Druckknopf nicht an der gemeinsamen Kante sitzt und die beiden Korkstreifen genau aufeinanderliegen. Achte auch darauf, dass das Muster richtig herum ist – die gemeinsame Kante ist nachher oben. Nähe dann die gemeinsame Kante ab.

Lasche feststecken. Klappe die beiden Seiten der Tasche etwas nach innen und stecke sie mit Stecknadeln fest. So verhinderst Du, dass Du nachher über die Lasche nähst.

Gurtband anbringen. Schneide 10 cm lange Stücke vom Gurtband ab, forme sie zu einer Schlaufe und ziehe die beiden Eckringe auf. Lege die jeweils offenen Enden schräg links und rechts am Taschenteil an und nähe das Gurtband nah an der Kante fest. Die Eckringe liegen dabei nach innen und schräg oben.

Druckknopf-Gegenstück anbringen. Lege das Taschenteil mit der Lasche auf das andere Taschenteil und drücke den Druckknopf einmal auf den Kork. Jetzt weißt Du, wo Du das Gegenstück vom Druckknopf anbringen musst. Tu dies und achte darauf, dass die richtige Seite auf der rechten Seite vom Korkstoff ist.

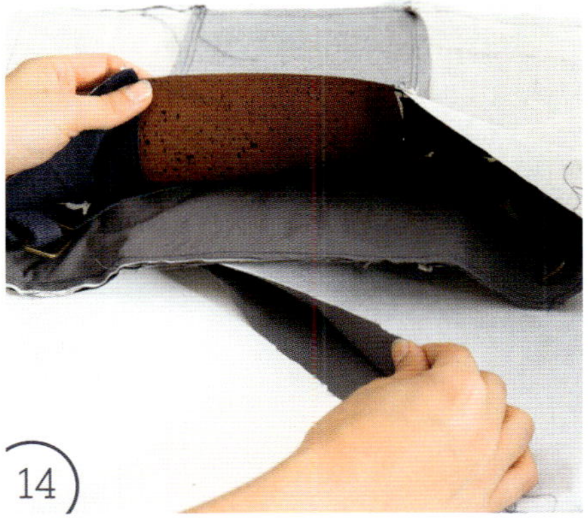

Taschen nähen. Lege die beiden Taschenaußenteile rechts auf rechts aufeinander und nähe sie links, rechts und unten zusammen. Das Gleiche machst Du mit den Tascheninnenteilen. Achte dabei darauf, dass die Öffnung der Innentasche nach oben zeigt.

Ecken formen. Nimm Dir nun die Ecken, falte sie zu Dreiecken, miss 8 cm im rechten Winkel zur Naht ab, markiere diese Linie und nähe sie ab. Wiederhole dies für die andere Ecke und die beiden Ecken der Innenstoffe. Schneide dann die Ecken zurück.

Taschen zusammennähen. Stecke die beiden Taschenteile ineinander. Achte darauf, dass die Taschen innen rechts auf rechts aufeinandertreffen. Lege alle Nähte genau aufeinander und stecke alles ringsherum fest. Nähe dann einmal die gemeinsame Kante ringsherum ab, lass aber eine Wendeöffnung offen.

Absteppen. Wende die Tasche und stecke den Innenstoff in den Außenstoff. Steppe die obere Kante nun noch einmal ringsherum ab. Dabei schließt Du automatisch die Wendeöffnung.

Gurtband anbringen. Fädle nun das Gurtband durch einen der Eckringe, klappe das Ende um und nähe es fest. Ziehe dann das andere Ende vom Gurtband durch den Schieber, dann durch den anderen Eckring, von unten zurück durch den Schieber und klappe es wieder um und nähe es fest.

ANLEITUNG VON DIY Eule

vorgestellt auf Seite 21

KORKLEDER-EINBAND

MATERIAL

- Korkstoff/Korkleder, 45 x 22,5 cm
- Kladde/Chinakladde A5
- Textilkleber

WERKZEUG

- Schere/Rollschneider
- Stecknadeln
- Nähgarn

MIT HAND & HERZ

Grand-mère Mimi
Handarbeit mit Herz

Ich wurde in Wiesbaden geboren, wo ich zur Schule ging und auch meine Ausbildung zur Erzieherin absolvierte.

Mit meinem Mann und den 3 Kindern zusammen lebte ich 5 Jahre in Togo und 2 Jahre in Saudi -Arabien.

Mein Berufstraum war es immer, Handarbeitslehrerin zu werden. Jetzt kann ich den Traum leben, anderen Menschen eine Freude bereiten und meine Liebe zur Handarbeit umsetzen.

ANLEITUNG

Von dem Korkstoff (45 x 22,5 cm) werden je 1 Streifen von 1 cm Breite (1 x 22,5 cm) und 2 Streifen von 6 cm Breite abgeschnitten (6 x 22,5 cm).

Den 1 cm breiten Streifen in 3 Teile à 1 x 6 cm zerschneiden. Die Teile werden für die Stifthalterung gebraucht. Wenn die Stifthalterung nicht benötigt wird, bitte diesen Schritt auslassen.

Jetzt werden alle Teile in einem Arbeitsgang zusammengesteckt:
Die 1 x 6 cm kleinen Streifen werden in der Mitte zusammengefaltet und an der linken Seite des großen Stück Korkleders mittig (ca. 11,2 cm) festgesteckt. Auf der gegenüberliegenden Seite werden vom oberen und unteren Rand (gemessen je 10 cm) die zwei restlichen 1 x 6 cm kleinen Streifen gefaltet und an der rechten Seite des großen Korkleders mit Stecknadeln fixiert.

Die beiden Streifen von 6 cm Breite werden oben, unten und auf der rechten wie linken Seite mit Textilkleber bestrichen und mit Stecknadeln auf den Seiten des großen Korkeinbandes festgesteckt. Danach werden alle Teile in einem Arbeitsgang an den Rändern entlang mit einem Abstand von 0,5 cm zusammengenäht.

Kladde und Stift hineinstecken und der wunderschöne Korkeinband ist fertig.

PSSST … Das ist die Tasche vom Titel – nur mit anderen Stoffen, zur Inspiration!

Alles drin.

REISE-
KULTURTASCHE

MATERIAL

- Außenstoff, 37 x 100 cm
- Innenstoff, 50 x 90 cm
- Korkstoff, 32 x 30 cm
- Bügelvlies, z. B. Vlieseline H640, weich, 26 x 56 cm
- Nähgarn in passender Farbe
- Klettverschluss-Kombi (Häkchen-Seite 6 cm, weiche Seite 15 cm)
- Reißverschluss, 2 x (mind. 26 cm Länge)
- 1 großer Knopf oder Brosche
- Kordelband, 1 m
- Farbiges Band, 2 x 7 cm

WERKZEUG

- Bürodrucker, der A4-Papier drucken kann
- Papierschere
- Tesafilm
- Stecknadeln
- Büroklammern/Clips
- Stoffschere
- Schneiderkreide/Kugelschreiber
- Bügeleisen
- Nähmaschine mit Steppstich/ Geradstich

Das Schnittmuster einfach unter **www.anleitungen.lv-buch.de** herunterladen und auf A4-Papier ausdrucken (nicht verkleinern). Alle Nahtzugaben sind bereits enthalten.

ANLEITUNG

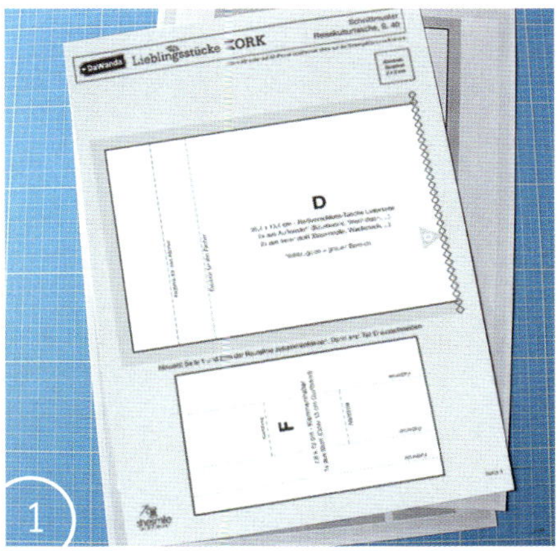

Los geht's! Schnittmuster auf A4-Papier ausdrucken.

Einige Schnittteile vorher, wie auf dem Schnittmuster beschrieben, an der Rautenlinie zusammenkleben und erst dann an der dicken durchgezogenen Linie zuschneiden. Alle Teile an der durchgezogenen Linie zuschneiden.

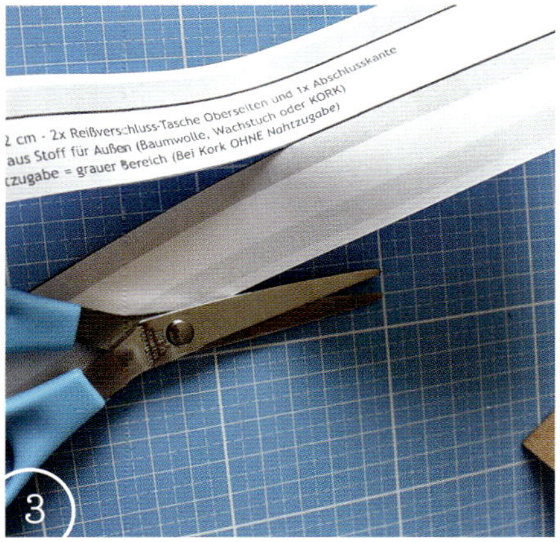

Beim Stoffteil C die Nahtzugabe an den langen Seiten abschneiden, wenn mit Kork genäht wird.

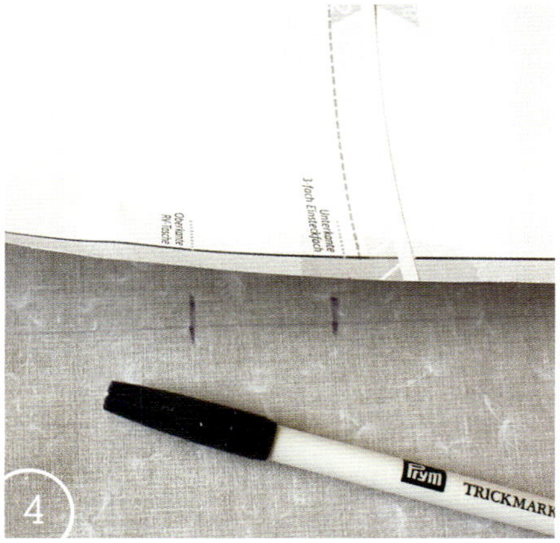

Schnittmuster aufzeichnen. Alle Teile wie beschrieben aufzeichnen und zuschneiden. Besonders auf die Nahtzugaben und die Richtung, in der Du die Schnittmuster auf den Stoff legst, achten (nicht dass euer Stoffmuster später auf dem Kopf steht). Es wird auf der linken Stoffseite aufgezeichnet. Bei Baumwollstoffen könnt ihr Schneiderkreide oder Trickmarker verwenden, auf beschichteten Stoffen arbeite ich mit Kugelschreiber oder ebenfalls Trickmarker. Alle Markierungen auf den Stoff übertragen, vor allem die Falz- und Anlegemarkierungen nicht vergessen. Faden, Labels, Bänder, Kordel, Klettstreifen, Reißverschlüsse bereithalten. Lege einmal alles vollständig auf, um zu sehen, ob es gut zusammenpasst.

Das Bügelvlies mit der rauen Kleberseite auf die linke, unschöne Seite des Außenstoffs A legen.

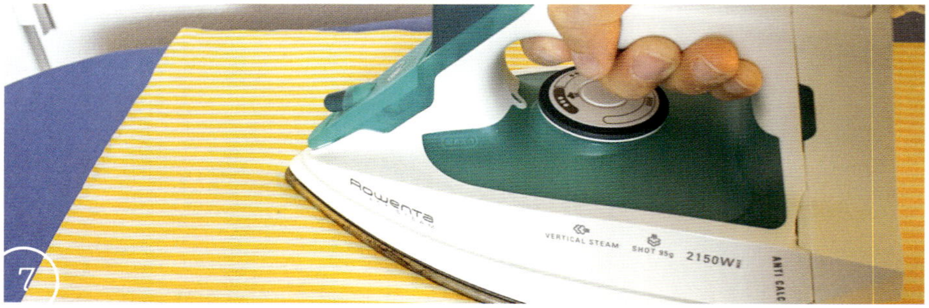

Von der rechten, schönen Seite das Vlies aufbügeln. Am besten nach der Anleitung des Herstellers bügeln. Meistens reicht es, langsam und mit Druck über den Stoff zu fahren, der Kleber löst sich und das Vlies und der Stoff sind verbunden. Wer eventuelle Kleberreste auf dem Bügelbrett bzw. Bügeleisen vermeiden will, kann Backpapier darunter- oder darüberlegen. Feste Stoff benötigen kein zusätzliches Vlies.

Allgemein gilt, bei beschichteten Stoffen natürlich nicht bügeln, sondern ggf. mit (Büro-) Klammern arbeiten. Dies gilt natürlich auch für Kork.

Prüfe, ob der Stoff und das Vlies überall miteinander verbunden sind. Erst mal zur Seite legen.

Die weiche Seite des Klettverschlusses an passender Stelle auf Teil B (schöne Stoffseite) legen. An beiden langen Klettverschlusskanten festnähen.

Die Nahtzugabe an den beiden langen Seiten nach innen umschlagen und umbügeln. Auch den Klettverschluss mit umbügeln.

Das fertige Teil B an passender (markierter) Stelle auf Teil A legen. Wichtig hierbei: gemusterte Stoffe auf den Kopf stellen, wenn die abgerundeten Kanten oben liegen. Die Tasche wird später einmal eingewickelt zum Verschließen, somit ist der Stoff dann wieder richtig herum. Teil B an beiden langen Kanten auf Teil A nähen. Das Außenteil erst mal zur Seite legen.

Reißverschlusstasche Version 1
Den Zier-Reißverschluss an das Stoffteil C nähen. Zwei Nähte mit einem Abstand von 5 mm nähen. So hält der Reißverschluss besonders gut. Aufklappen und die Naht umbügeln.

Wenn vorhanden, gerne das Reißverschlussfüßchen in die Nähmaschine einsetzen.

Den Außenstoff Teil D an der Markierung im Zick-Zack falten. Mit Klammern oder Nadeln fixieren.

Ebenso den Innenstoff Teil D falten. Beide Teile rechts auf rechts zusammenlegen und an der Oberseite zusammennähen.

Die Stoffteile links auf links drehen und die Nahtkante glatt bügeln.

Den Zier-Reißverschluss mit Nadeln feststecken und festnähen. Auch hier habe ich zwei Nähte mit einem Abstand von 5 mm genäht. So hält der Reißverschluss besonders gut.

Reißverschlusstasche Version 2
Zweimal Stoffteil C, Stoffteil D und einen Reißverschluss zurechtlegen.

Einen Streifen C an die obere Kante des Reißverschlusses heften. Der Reißverschluss liegt dabei richtig herum, mit dem Zipper rechts. Den anderen Stoffstreifen C rechts auf rechts, Kante an Kante darauflegen.

Beide Streifen an den Reißverschluss nähen. Aufklappen und die Naht umbügeln.

Nur den Innenstoff zur Seite klappen, umbügeln und nochmals knappkantig festnähen. So wird der Stoff beim Öffnen des Reißverschlusses nicht in den Reißverschluss gezogen.

Beide Stoffteile D wieder im Zick-Zack falten. Rechts auf rechts zusammenlegen und dazwischen den Reißverschluss mit dem bereits angenähten Stoffteil C legen. Beide Stoffteile D liegen bündig zur Reißverschlusskante, Innen- und Außenstoff liegen je rechts auf rechts.

An der zweiten Reißverschlussseite die Stoffteile D festnähen.

Nur das Innenstoffteil D zur Seite klappen und knapp an der Kante den Stoff festnähen, um ihn vor dem Hineinziehen in den Reißverschluss zu schützen.

So sehen beide Reißverschluss-Taschen fertig aus.

Reißverschlusstaschen annähen. Beide Stoffteile C nach innen klappen, mit Klammern oder Nadeln fixieren.

Die Reißverschlusstasche bündig zur unteren Kante auflegen. Mit zwei Nahtlinien die Tasche auf das Innenstoff-Teil A nähen.

Die offene Tasche bzw. die zickzack gefalteten Stoffe mit Klammern oder Nadeln am unteren Rand feststecken.

Auch die zweite Reißverschlusstasche an passender Position auflegen. Der Korkstreifen muss natürlich nicht umgebügelt werden, denn Korkstoff franst nicht aus. Die Tasche an diesem Streifen (C) an die passende, markierte Stelle auf das Innenstoff-Teil A nähen.

Die offene untere Kante des Täschchens sauber und gerade ab- bzw. zuschneiden. In etwa um die Nahtzugabe kürzen, zur Hilfe dient wieder die Markierung „Unterkante RV-Tasche" auf der linken Stoffseite.

Den 3. schmalen Stoffstreifen C rechts auf rechts an die eben zugeschnittene Kante heften. Alles andere erst mal zur Seite klappen.

Den Stoffstreifen Füßchenbreit an die Tasche nähen.

Den Stoffstreifen um die Kante nach innen schlagen. Mit Klammern oder Nadeln fixieren.

Halteschlaufen einnähen. Den Streifen ebenfalls mit zwei nebeneinanderstehenden Nähten auf Innenstoff A festnähen.

Hier können auch die beiden Bänder-Schlaufen eingeschoben und festgenäht werden.

Das Innenteil, 3-Fächer-Tasche. Das Stoffteil F an den Falzkanten nach innen falten und die Kanten umbügeln. Die doppelte Faltkante knapp an der Kante festnähen. Den Streifen somit sauber zunähen. Alternativ kann auch Gurtband verwendet werden. Den Streifen bzw. das Gurtband an passender, markierter Stelle auf das Stoffteil E legen. An den beiden Nahtlinien (Teil F) den Streifen auf das Stoffteil nähen. Wichtig! NUR an den beiden Nahtlinien und an den Kanten mehrfahr vor- und rücknähen.

37

Das Innenstoff-Teil E rechts auf rechts auf das Außenstoff-Teil E legen. An den langen Kanten zusammennähen.

38

Den Schlauch wenden und die Kanten glatt bügeln.

39

Das komplette Stoffteil E an passender markierter Stelle in die Lücke (Stoffteil A) legen. An der unteren Kante knapp an der Kante festnähen.

40

Mit den beiden Nahtlinien für die Fachabtrennung das Stoffteil zusätzlich festnähen (siehe Markierung auf dem Schnittmuster).

41

Wieder darauf achten, dass die Naht am Start und Ende (an den Kanten) mehrfach vor- und rückgenäht wird. So kann das Fach nicht ein- bzw. aufreißen.

42

Klettverschluss
Den Stoffstreifen G in der Mitte falten (rechts auf rechts).

Nun den Streifen an den langen Kanten zunähen, die Ecken schräg zuschneiden.

Den Schlauch wenden und auf eine Seite den Häkchen-Klettstreifen aufnähen. **Wichtig! Den Klettstreifen an allen 4 Seiten festnähen.**

Den Klettstreifen an der passenden, markierten Stelle nach innen einlegen (die Häkchen liegen auf dem Innenstoff).

Ebenfalls die Kordel nach innen einlegen und eine Schlaufe nach außen stehen lassen.

Beides mit wenigen Stichen auf der Nahtzugabe von Stoffteil A fixieren.

Zusammennähen. Beide Reißverschlüsse bis zur Mitte öffnen.

shesmile
DO IT YOURSELF

HALLO! ICH BIN LISSE.

Eigentlich Elisabeth. Ich wohne zusammen mit meinem Mann und meinen zwei Töchtern in Siebeneichen, einem wunderschönen Dorf in Bayern/Oberpfalz. Ich bin gelernte Siebdruckerin und Mediengestalterin.

Durch die Geburt meiner Tochter hab ich meine alte Nähmaschine wieder ausgekramt. Ich hab sie mit 12 von meiner Oma geschenkt bekommen und seitdem nur selten genutzt. Im November 2013 hab ich bei DaWanda die Kategorie „E-Books/Anleitungen“ entdeckt und aus dem Schnittmuster der Kinderschürze für meine Tochter eine kleine Nähanleitung erstellt. Das E-Book hat sich in meinem neu erstellten DaWanda-Shop auf Anhieb so gut verkauft, dass ich begonnen habe, weitere Nähprojekte umzusetzen und auf meiner Website zu zeigen. Bald darauf sind auch Bastelanleitungen, Stick- und Plotterdateien dazugekommen.

Sich immer wieder etwas Neues auszudenken, zu nähen und basteln macht einfach Spaß. Meine leicht verständlichen Schritt-für-Schritt-Anleitungen mit Fotos zu jedem Arbeitsschritt sind als PDF-E-Book gestaltet und meist auch für Anfänger geeignet.

Das fertige Außenteil rechts auf rechts auf das fertige Innenteil legen und mit Nadeln oder Klammern fixieren. Einmal außenrum zusammennähen. Dabei darauf achten, dass die in zickzack gelegten Falten der Reißverschluss-Taschen nicht mit eingenäht werden. Unten eine Wendeöffnung in Handbreite lassen.

Zuviel Stoff und die Reißverschluss-Enden bis auf 5 mm zurückschneiden. Die Ecken unten schräg abschneiden.

Wenden und schließen. Die Tasche über die Öffnung vorsichtig wenden.

Die Wendeöffnung nach innen schlagen.

Wenn sich das beschichtete Material nicht richtig durch die Maschine gleiten lässt, könnt ihr einfach ein Handmaß unter das Füßchen legen oder auch das Füßchen/Kunststoffelemente neben der Metallplatte mit Masking-Tape abkleben. So gleitet der Stoff gut durch die Maschine.

Die komplette Tasche noch einmal knapp an der Kante außenrum abnähen, dabei die Wendeöffnung schließen.

… und fertig! Nun noch einen großen Knopf oder eine Brosche als Verschluss für die Kordel annähen.

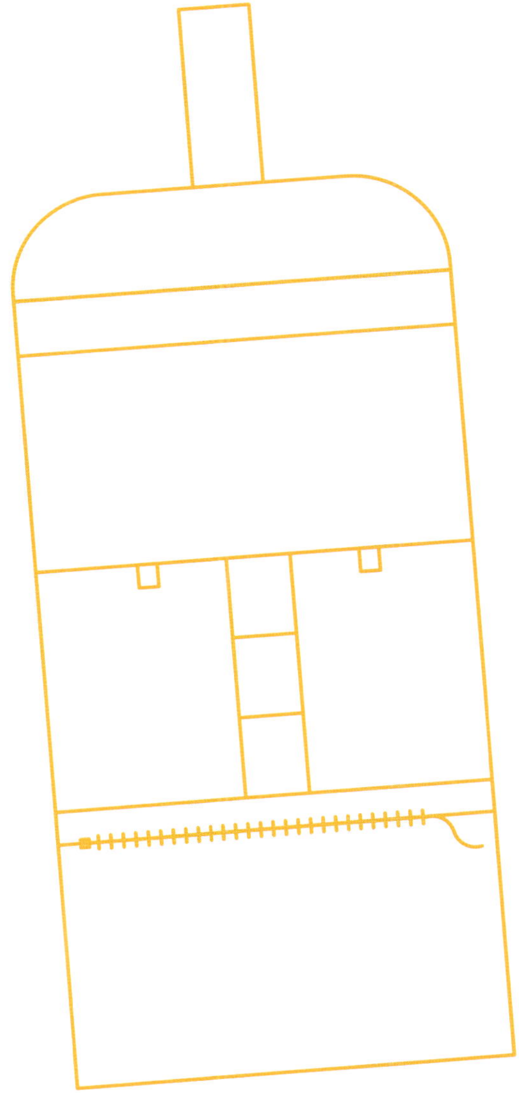

MATERIAL

- Korkleder, 0,20 x 0,45 m plus 0,10 x 0,10 m für die Lasche
- Baumwollstoff, gemustert oder uni, für das Innenfutter
- Baumwollstoff, uni, 9 x 9 cm für das Unterlegen des Kreises
- Baumwollkordel oder ähnliches für Träger, ca. 1,20 m je nach Trägerlänge
- Metall-Verschluss, Magnet ist doppelt, 1 x
- Stickgarn farblich passend
- Vlieslinie 220 cm, aufbügeln für das Innenfutter
- Kleiner Rest Decovil light für Verstärkung des Magnetverschlusses
- Filmoplast
- Strickmuster-CD, Cutwork Motive II

WERKZEUG

- Rollschneider/Schere
- Bügeleisen
- Ahle
- Bleistift
- Cutwork-Tool
- Stoffkleber
- Clips

SCHULTERTASCHE
MIT CUTWORK-MOTIV

ANLEITUNG

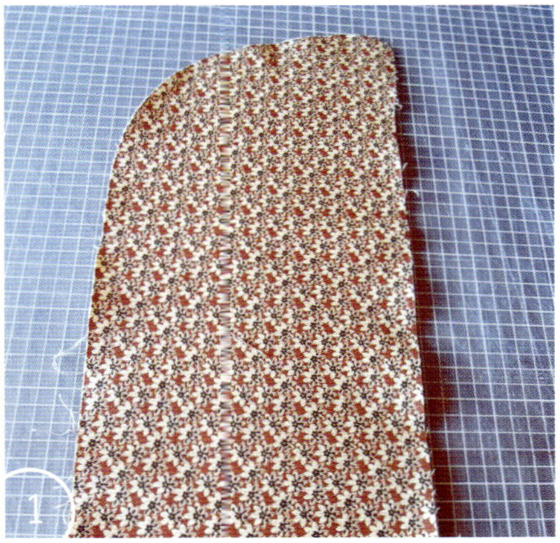

Zuschnitt:
1 x Korkleder 19 x 44 cm
1 x Baumwollstoff 19 x 44 cm
1 x Vlieseline für den Baumwollstoff

✂ Alle Nahtzugaben sind bereits enthalten.

Vorbereitung: Schnitt auf das Korkleder legen und mit dem Rollschneider (Schere) ausschneiden. Mit dem Baumwollstoff machen wir das Gleiche. Vlieseline etwas kleiner schneiden als den Baumwollstoff und mit dem Bügeleisen oder der Presse aufbügeln und abkühlen lassen.

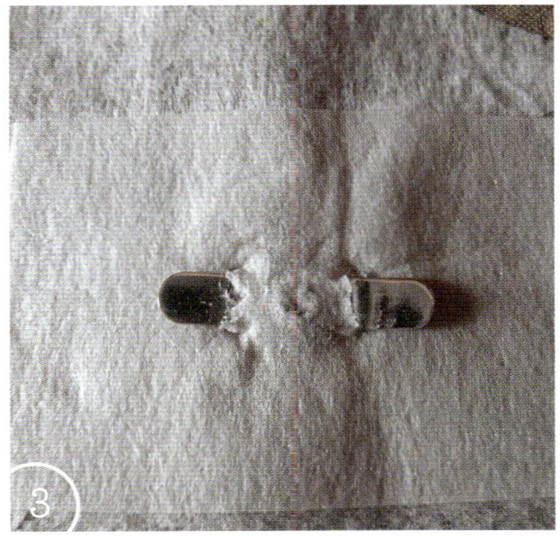

Da, wo der erste Teil des Magnet-Verschlusses hin soll, als Verstärkung ca. 4–6 cm Decovil light auf die Vlieseline aufbügeln und erkalten lassen.

Den oberen Teil des Magnetverschlusses durch den Baumwollstoff drücken, vorher zwei kleine Löcher mit der Ahle durchstechen (geht dann leichter) und von hinten das Metall außen wegklappen.

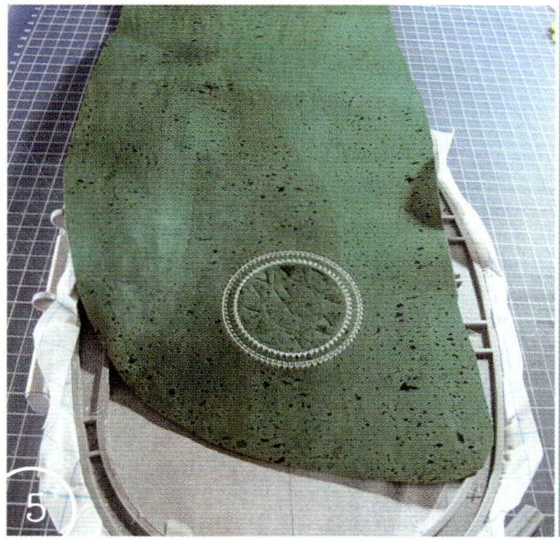

ℹ Stickbereich: Filmoplast ist ein Stickvlies zum Aufkleben in den Stickrahmen. Cutwork ist ein Bernina Schneidetool für kreative Durchbrüche im Material. Bei anderem Material nimmt man eine wasserlösliche Folie, die ausgewaschen wird.

Vorbereitung des Korkleders fürs Sticken bzw. Ausschneiden: Strickrahmen mit Filmoplast einspannen. Schutzpapier abziehen, eine Querlinie und eine Längslinie von der Mitte des Stickrahmens mit Bleistift ziehen, um den Mittelpunkt für das Muster zu finden. Nun vom Korkleder den Mittelpunkt definieren und mit einem kleinen Punkt markieren. Mittelpunkt vom Kork auf den Mittelpunkt des Stickrahmens setzen und alles mithilfe von Filmoplast festkleben.

Stickmodul anschließen und das Cutwork-Tool laut Anweisung des Herstellers Bernina befestigen. Vorhandenes Stickmuster (bei dieser Tasche ist es ein Kreis) aufrufen und laut Bildschirm absticken und ausschneiden. Danach das Leder ausspannen, das Muster entgittern und das Filmoplast abziehen.

Den Kreis von hinten mit einem kleinen Stück beigen Baumwollstoffs, ca. 9 x 9 cm, abdecken und den äußeren Rand mit Stoffkleber fixieren.

Den zweiten Teil des Magnetverschlusses auf der linken Seite des Korkleders (siehe Markierung Schnitt) befestigen, darunter wieder Decovil kurz aufbügeln und Schritt 3 + 4 wiederholen.

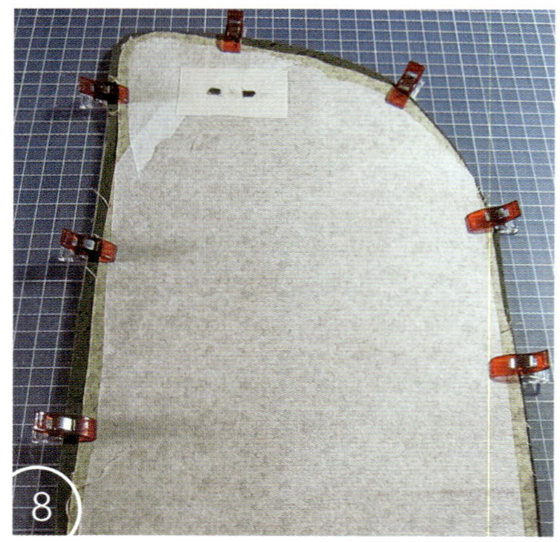

Nähen: Bearbeiteten Baumwollstoff (Innenfutter) rechts auf rechts auf das Korkleder legen.

Laschenarbeit: 5 x 1,5 cm Korkleder (je nach Stärke der Kordel) rechts auf rechts zwischen Vorderteil und Innenfutter legen und festclipsen, es schauen nur die offenen Enden zur Naht (unbedingt Clipse verwenden, sonst sind Löcher im Korkleder!).

Die beiden Teile rechts auf rechts zusammennähen, in der unteren Mitte ca. 12 cm frei lassen und das Teil wenden.
Nun die untere Mitte schließen und mit Stoffkleber fixieren. Auf der rechten Seite knappkantig mit Sticklänge 3 drübernähen. Das untere Teil der Tasche 14 cm nach oben klappen und die Taschenteile zusammenclipsen. Dann die langen Enden zusammennähen. Die Mitte muss offen bleiben (Eingriff).

Hülle aus Korkleder (ca. 3 x 4 cm) für die Baumwollkordel nähen, um die Kordelenden abzudecken.

Baumwollkordel con ca. 120 cm Länge (dickeres Material) abschneiden, durch die Lasche fädeln (ca. 3 cm) und doppelt zusammennähen. Vorher nicht vergessen, die Hülse zum Abdecken einzufädeln.

NICHT **AUFGEBEN!**

Mein Name ist Emilie Markstoller. Mit dem Kauf einer neuen Näh- und Stickmaschine begann für mich im Jahr 2006 ein anderes Leben.

Im Fachgeschäft lernte ich viele neue Mitstreiterinnen kennen. So belegte ich schnell einen Näh- bzw. Stickkurs. Auf Anhieb hat mir dieses Hobby viel Spaß bereitet. Ich versuchte, dekorative Arbeiten herzustellen, die unser Heim verschönern konnten. Im Jahre 2014 kam dann die Idee, man könnte sich bei DaWanda anmelden und einen Shop eröffnen. Gesagt, getan. Der Anfang war nicht leicht, da es sehr viele Shopverkäuferinnen gibt. Aber nur nicht aufgeben, das war und ist mein Motto! Langsam stellte sich der Erfolg ein. Accessoires herzustellen ist für mich eine große Freude, die ich hoffentlich noch lange ausüben kann.

MATERIAL

- Korkstoff, 70 x 100 cm
- Baumwollstoff mit Automuster
- 4 m Schrägband
- 1 m Volumenvlies (z. B. H 640)

WERKZEUG

- Bügeleisen
- Clips
- Nähutensilien
- Nähmaschine

Alle Nahtzugaben sind bereits enthalten.

SPIELTEPPICH MIT KORK

Material bereitlegen
Lege Dir zunächst Dein Material zurecht. Ich habe mich bei der Oberseite für einen Bio-Baumwollstoff mit einem Spielteppich-Muster entschieden.

Zuschneiden
Schneide im ersten Schritt auch den Baumwollstoff und die Volumenvlieseinlage auf die Größe Deines Korkstoffes zu.

Vlies aufbügeln
Bügele dann die Vlieseinlage auf die linke Seite des Baumwollstoffs. Beachte hierbei die Angaben des Herstellers. Meine musste ich mit Dampf aufbügeln.

POLICE
STOP

PINSPIRATION

Nina Bungers ist freiberufliche Redakteurin, Bloggerin und Social Media Beraterin. Auf ihrem Blog Pinspiration.de schreibt sie neben ihren Pinterest-Inspirationen rund um Inneneinrichtung und Lifestyle auch über ihre Familienreisen und Brandenburg-Ausflüge. Beim Nähen des Teppichs aus Kork hat sie Nastja von DaWanda unterstützt.

Schrägband annähen. Lege die 3 Stofflagen aufeinander: erst den Kork mit der rechten Seite nach unten, darauf das Vlies und oben den Baumwollstoff. Klappe das Schrägband auf und stecke es rundherum an Deinem Stoffsandwich fest. Beginne dabei nicht an einer Ecke, sondern mittig an einer der Kanten. Lasse die anderen einige Zentimeter überstehen. Nähe dann in der ersten Falte das Schrägband fest. Beginne jedoch nicht am Anfang des Bandes, sondern ca. 10 cm weiter vorne auf dem Band. In den Ecken nähst Du bis 1 cm vor die Ecke, verriegelst und klappst das Nähfüßchen hoch. Ziehe dann die Arbeit ein Stück aus der Maschine, drehe sie und klappe das Schrägband über die eben genähte Naht, sodass Du an der nächsten Kante weiternähen kannst. Verriegle hier die Naht wieder, beginne 1 cm vor der Kante und nähe dann die nächste lange Kante. Verfahre so mit allen Ecken.

Schrägband zusammennähen. Höre 10 cm vor dem Ende auf, das Schrägband anzunähen, und verriegle Deine Naht. Stecke dann die beiden Schrägbandenden im 90-Grad-Winkel mit den rechten Seiten aufeinander (wie im Bild). Wichtig ist, dass Du die Nadel so steckst, dass das Band flach auf dem Kork aufliegt und nicht zu stramm oder zu locker sitzt.

Zusammennähen. Nähe dann die beiden Schrägbandenden einmal diagonal von Ecke zu Ecke zusammen. Schneide die beiden Enden 1 cm hinter der Naht ab und bügle die Nahtzugabe auseinander. Klappe das Band zusammen und schneide überstehende Ecken ab.

Nähe dann die restliche Strecke des Schrägbandes an.

Fertigstellen. Jetzt kannst Du ringsherum noch einmal die Ränder von Kork und Baumwollstoff gerade schneiden, wenn nötig.

Klappe dann das Schrägband auf die andere Seite um und nähe es ringsherum mit einem Zickzackstich an. Falte Dir dabei die Ecken schön aus und klappe das Schrägband hier aufeinander.

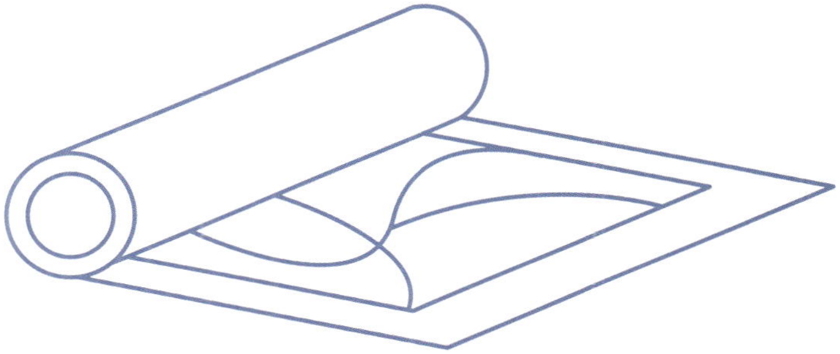

TABAK-BEUTEL

MATERIAL

- dünnes Korkleder
- eine größere Perle (Glas, Ton, Holz etc.)

WERKZEUG

- Textilkleber
- Schere oder Cuttermesser
- Lineal
- Lochzange
- Nähmaschine

Alle Nahtzugaben sind bereits enthalten.

ANLEITUNG

Zuerst schneidest Du Dir ein Stück Kork in einer Größe von ca. 30 x 16 cm, ein Stück in der Größe 10 x 5 cm und ein schmales Band von etwa 50 cm Länge und 4 mm Breite zu.

Nun klebst Du die 16 cm breiten Seiten einen halben cm nach innen um. Unbedingt Textilkleber benutzen (sonst hält es nicht).

Als nächstes nähst Du das kleine Korkstück (für Blättchen o. ä.) auf die Vorderseite.

Jetzt klappst Du den Kork rechts auf rechts so ein, dass sich die kleine Blättchentasche innen befindet. Die Seite mit dem Blättchenfach sollte etwa 8 cm eingeklappt sein, die gegenüberliegende etwa 3–4 cm. Dann die Seiten zusammennähen.

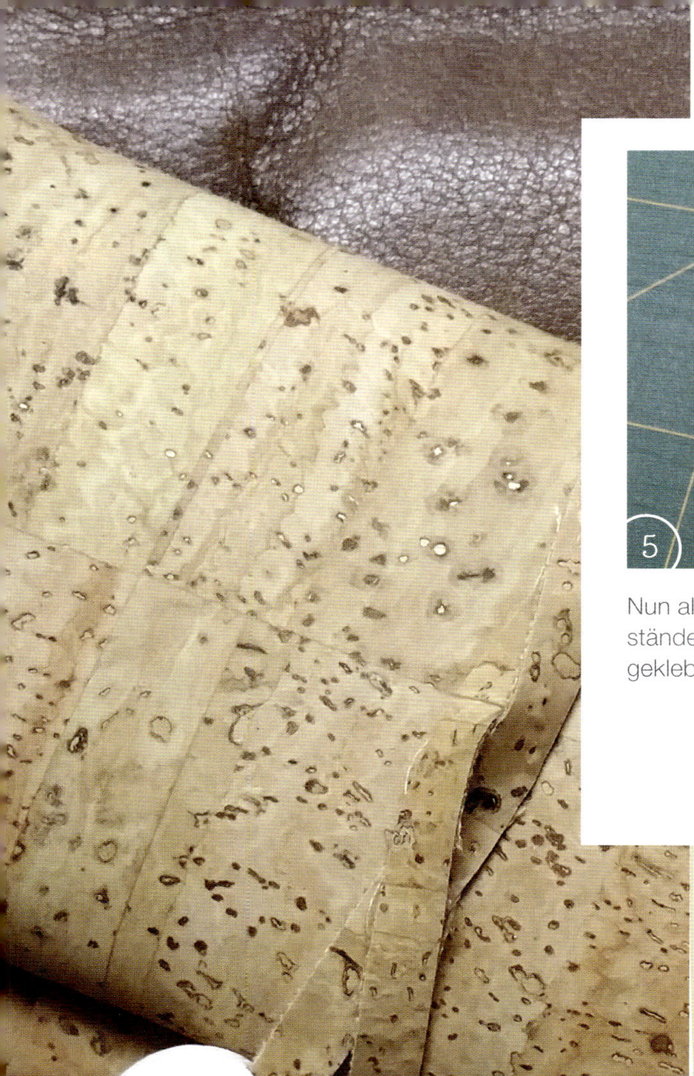

5

Nun alles wieder umkrempeln. Die Überstände in der Mitte werden nach innen geklebt.

6

Jetzt machst Du mit der Lochzange ein Loch in die Mitte der Falte des oberen Umschlags, ziehst das Band nach innen durch und knotest es einmal und ziehst es wieder zurück. Nun noch eine schöne Perle Deiner Wahl aufziehen, Knoten rein und fertig!

LEDERLIEBE

Mein Name ist Tanja Estel-Topp. Ich bin 47 Jahre alt, verheiratet und habe 3 Kinder. Ich bin gelernte Einzelhandelskauffrau und arbeite auch in diesem Beruf. Ich bin in einer sehr handwerklich kreativen Familie groß geworden. Daher bin ich schon immer selbst sehr gerne kreativ und arbeite am liebsten mit Naturmaterialien wie Kork, Leder, Wollfilz und Glas. So, und jetzt wünsche ich viel Spaß beim Nachmachen!

✂ **Das Schnittmuster** einfach unter **www.anleitungen.lv-buch.de** herunterladen und auf A4-Papier ausdrucken (nicht verkleinern). Alle Nahtzugaben sind bereits enthalten.

SATTELBEZUG FÜRS FAHRRAD

ANLEITUNG

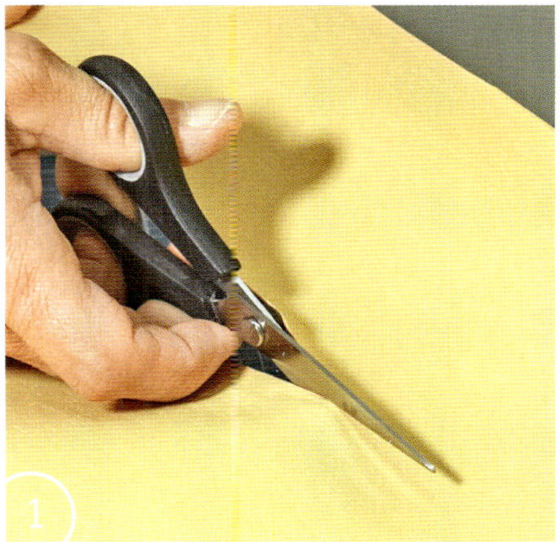

Schnittmuster ausdrucken und zuschneiden.

Den Korkstoff nach dem Schnittmuster ausschneiden.

ℹ Besonders wenn man einen speziell breiten, schmalen oder langen Sattel hat, sollte man die längste und die breiteste Stelle des Sattels messen und das Schnittmuster entsprechend anpassen.

MATERIAL

- Korkstoff, mind. 1 m x 0,50 m
- Nähgarn Gütermann Col. 454 o. ä.
- Gummiband schwarz 20 mm (ca. 1 m)

WERKZEUG

- Nähmaschine mit Kraft
- Schere
- Schneiderkreide o. ä.

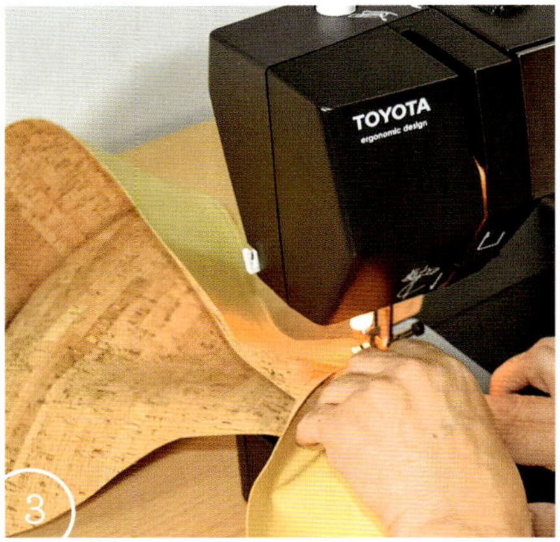

Das Seitenteil rechts auf rechts an den Sattelschnitt annähen. Dafür erst den Sattelhauptteil länglich falten, um die hintere Mitte zu finden. An der hinteren Mitte anfangen, die Teile zusammenzunähen.

Wenn der Streifen fast komplett genäht ist, den Rest weiter darauf nähen – die Enden des Randstreifens sozusagen über den Anfang weiternähen. Am Ende vernähen (näht etwa 1 cm weit, dann zurück und wieder vorwärts).

Nun das Ende senkrecht – also entlang der offenen Kanten – von innen nach außen nähen. Und wieder vernähen.

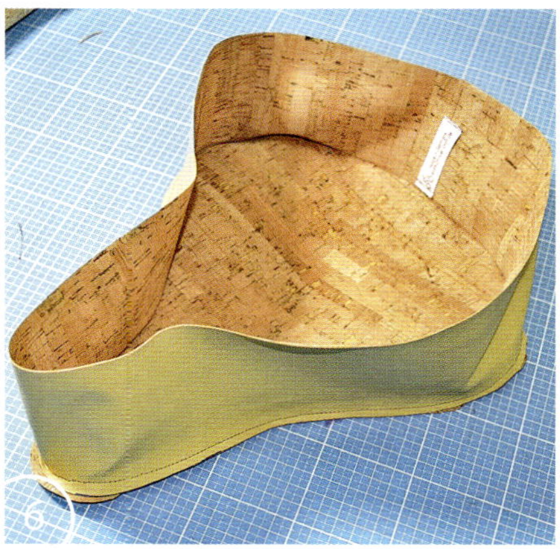

Nun – falls gewünscht – ein Etikett aufnähen und das Werkstück wenden.

Zunächst ein ca. 20 cm langes Stück Gummiband schneiden. Damit kann man den Sattelschutz besser am Fahrrad befestigen. Das Band hinten anbringen.

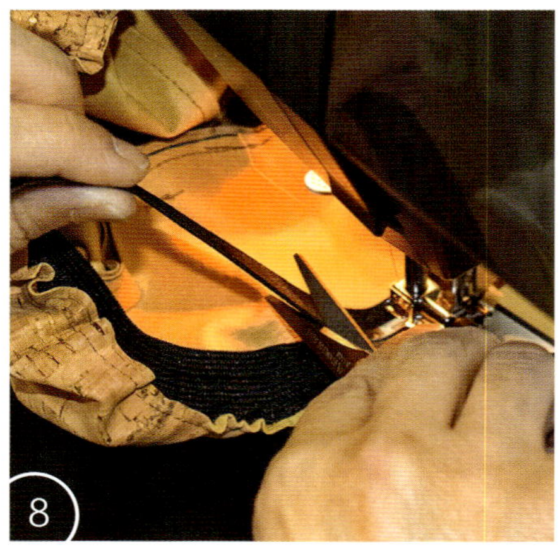

Im nächsten Schritt das Gummiband von der hinteren Mitte am äußeren Rand entlang nähen. Hierbei darauf achten, dass das Band immer gezogen genäht wird, damit es später den Sattel festhält. Am Ende die Naht vernähen.

Jetzt zum inneren Rand des Gummibandes nähen und die innere Seite noch mal durchnähen. Wieder vernähen und den Faden abschneiden.

Fertig ist der Korkbezug für Deinen Fahrradsattel, viel Freude damit!

SPANISCHES **HERZ**BLUT

Carmen (53) kommt aus Barcelona, wohnt aber seit 5 Jahren in Berlin, um ihre Enkelkinder aufwachsen zu sehen. Sie ist kreativ und neugierig. Seit ein paar Jahren betreibt sie einen kleinen Laden in der Brunnenstraße in Berlin. Das kleine Atelier ist wie ein Museum für Handgemachtes: Es gibt dort alle Sorten von Handmade-Produkten, aber auch Kurse. Natürlich experimentiert sie hier auch gerne. Die meisten Anregungen kommen von ihren Kunden, aber sie lässt sich auch gerne von originellen Materialien inspirieren. Wie zum Beispiel von Korkstoff – der ist auch noch nachhaltig und ökologisch, was will man mehr?

MATERIAL

- Korkstoff
- Reißverschluss, 30 cm lang
- Garn
- Textilkleber
- Pappe
- Faden
- Schraube

WERKZEUG

- Nähmaschine
- Lineal
- Bleistift
- Stoffschere
- Schere
- Stift

Alle Nahtzugaben sind bereits enthalten.

YOGA-MEDITATIONSKISSEN

ANLEITUNG

Das Material zum Nähen bereitlegen.

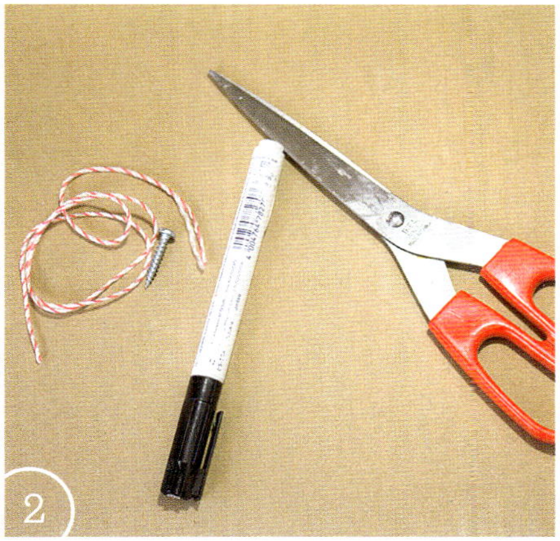

Das Material zur Herstellung der Schablone bereitlegen.

Den Korkstoff vorbereiten.

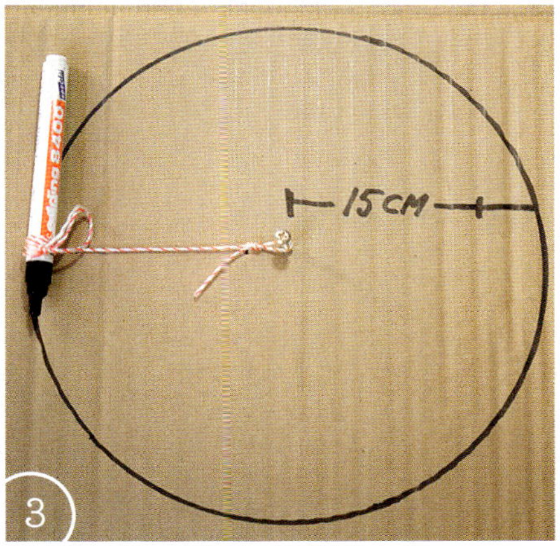

Binde den Faden um den Stift und die Schraube. Der Faden sollte 15 cm lang sein. Drehe die Schraube in die Pappe, spanne den Faden und ziehe einen Kreis. Schneide den Kreis aus. So entsteht die Schablone für die Ober- und Unterseite des Meditationskissens.

Schneide folgende Teile aus Korkstoff aus:
- Für die Sitzfläche einen Kreis mit 30 cm Durchmesser; verwende dafür die Pappschablone.
- Für die Unterseite des Kissens einen Kreis mit 30 cm Durchmesser. Schneide diesen Kreis genau in der Mitte in zwei Teile.
- Für die Seitenfläche einen langen Streifen mit den Maßen 91 x 13 cm.
- Für das Gegenstück des Reißverschlusses einen Streifen mit den Maßen 30 x 3 cm.
- Für den Griff einen Streifen mit den Maßen 14 x 6 cm.

Griff herstellen. Verwende dafür den 14 x 6 cm großen Streifen.
Falte die Seitenränder nach innen.
Gib etwas Textilkleber auf die Innenseite, aber nicht zu viel.

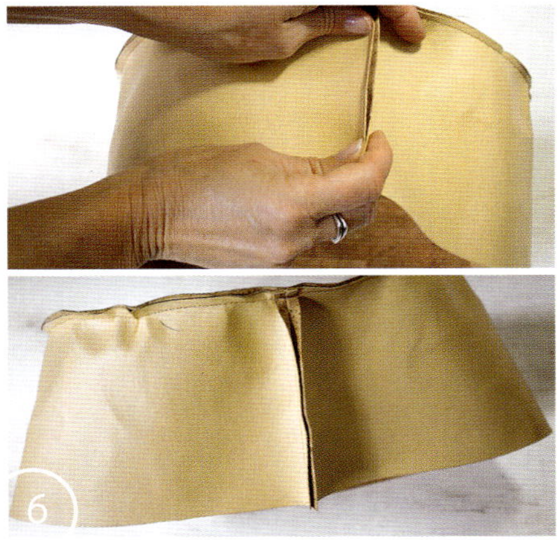

Feststecken und nähen. Langer Streifen für die Seitenfläche. Nähe den 91 cm langen Streifen an den kurzen Enden zusammen, sodass ein Kreis entsteht.

Sitzfläche. Stecke die Sitzfläche über die ganze Runde an der Seitenfläche fest. Steppe die Sitzfläche an die Seitenfläche.

Griff. Der Griff wird an der Naht der Seitenfläche platziert. Trenne die Naht 6 cm weit auf. Stecke den Griff in die Öffnung. Steppe ihn sehr vorsichtig an und drehe alles auf rechts.

9 **Gegenstück.** Steppe das Gegenstück (mit der Korkseite nach oben) auf die lange Seite eines Halbkreises (eine Hälfte der Kissenunterseite), und zwar von der linken Seite des Korkstoffes dieses Halbkreises. Gib Kleber auf die Hälfte des Gegenstücks und klebe es auf die lange Seite.

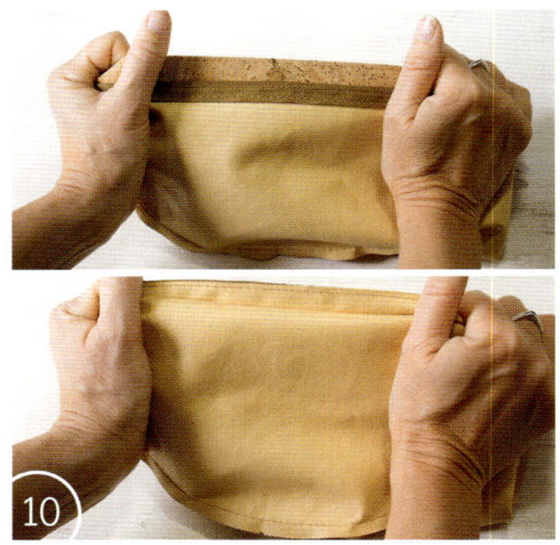

Reißverschluss. Steppe den Reißverschluss auf das Gegenstück, und zwar auf den Teil, auf dem sich kein Kleber befindet. Das Ganze wird mit der Korkseite des Gegenstücks nach oben gesteppt.

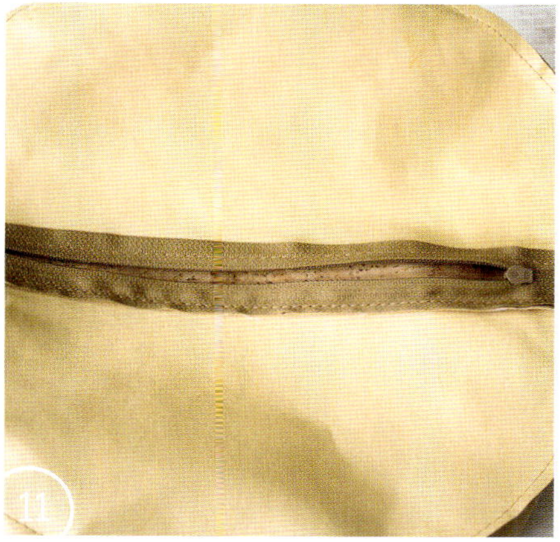

Unterseite. Steppe die andere Hälfte des Reißverschlusses an den anderen Halbkreis auf die linke Seite des Korkstoffes.

Nähe die gesamte Unterseite (die zwei Hälften mit dem Reißverschluss) an der langen Seitenfläche fest und drehe das Ganze auf rechts. Das Kissen ist fertig.

Innenkissen herstellen. Fülle das Kissen mit Buchweizen. Dafür bietet es sich an, ein Innenkissen herzustellen, damit kein Buchweizenstaub durch die Nähte nach außen gelangt. Verwende für das Kissen einen schönen Baumwoll- oder Leinenstoff. Du kannst mit den gleichen Maßen arbeiten wie beim Korkkissen, benötigst aber keinen Reißverschluss.

CLOSE TO NATURE

Ich bin Odette Schenk und 49 Jahre alt. Ich mag Menschen und Tiere und halte mich sehr gerne draußen auf.

Ich liebe es, mit meinem Hund in der Natur spazieren zu gehen und mit Naturmaterialien zu arbeiten.

Nachdem ich 20 Jahre bei einer Wohnungsgenossenschaft gearbeitet hatte, habe ich beschlossen, mich mit handgefertigten Ponchos aus recycelter Wolle und mit Korkarbeiten selbstständig zu machen. Kork ist ein großartiges Naturprodukt, das viele von uns nur vom Wein und von Korkböden kennen.

Kork ist zu 100 Prozent natürlich, nachhaltig und recycelbar. Kork ist eine tolle Alternative für diejenigen, die kein Leder verwenden wollen, weil er die gleichen Eigenschaften wie Leder hat.

Was ich auch tue, ich tue es mit Leidenschaft. Aus meiner eigenen Natur heraus – Artinato Close to Nature.

Der Name Artinato kommt vom portugiesischen Wort Artesanato. Es bedeutet „Kunsthandwerk".

TOTE BAG & CLUTCH

IM SET

Alle Nahtzugaben sind bereits enthalten.

MATERIAL

- Baumwollstoff, z. B. Köper oder Fahnentuch, 60 x 150 cm
- Korkstoff, 40 x 30 cm
- Leder/Lederimitat, 40 x 22 cm
- Schwarzes Garn

WERKZEUG

- Rollschneider
- Schneidematte (schnittfeste Unterlage)
- Schneidelineal
- Geodreieck
- Maßband
- Stoffschere
- Stecknadeln & Clips (Stoffklammern)
- Stoff-Markierungsstift/Schneiderkreide
- Nähmaschine
- Ledernadel

ANLEITUNG

Zuschnitt Tote Bag:
Zwei Seitenteile à 48 x 42 cm aus dem Baumwollstoff zuschneiden. Zwei Bandteile à 74 x 5 cm ebenfalls aus dem Baumwollstoff zuschneiden. Mit Rollschneider und Schneidelineal auf der Schneidematte oder einer vergleichbaren schnittfesten Unterlage ein Stück aus dem Korkstoff 26 x 40 cm groß zuschneiden.

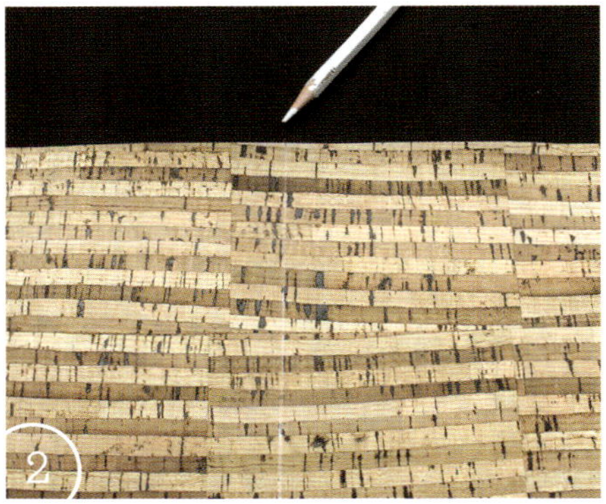

Korkstoff anbringen
Mit Lineal und Markierungsstift die Mitte (20 cm) auf der rechten Seite des Korkstoffs oben und unten markieren. Die Markierungen mittels einer Linie verbinden. Auf einem Seitenteil (Vorderteil) des Baumwollstoffes auf der rechten Stoffseite die Mitte (24 cm) an der Unterkante markieren und von der Unterkante 27 cm nach oben gemessen ebenfalls in der Mitte (24 cm) eine Markierung setzen.

Tote Bag?! „To tote“ bedeutet „tragen“.

Nun den Korkstoff mit einem Abstand von 1,5 cm zur Unterkante und einem Abstand von 1,5 cm zu beiden Seiten auf dem Baumwollzuschnitt an die Markierungen anlegen und mit den Clips befestigen.

Entlang der Markierung auf dem Korkstoff diesen mit schwarzem Garn und einer Stichlänge von 3 an den Baumwollstoff mit einem einfachen Steppstich annähen. Nur auf dem Korkstoff nähen und das Verriegeln der Naht am Anfang und am Ende nicht vergessen. Dadurch werden die beiden Einschubtaschen aus Kork bereits am Vorderteil fixiert.

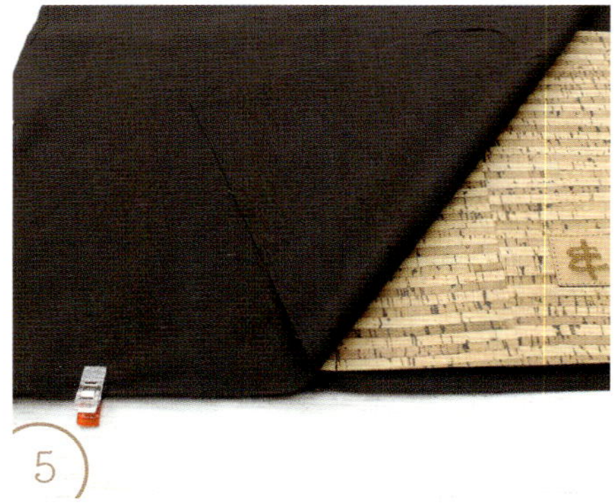

Seitenteile verbinden:
Beide Seitenteile rechts auf rechts legen und feststecken. Mit einem Abstand zur Unterkante von 2 cm und einer Stichlänge von 2,5 an der Unterkante und an beiden Außenkanten von unten bis oben nähen. Dabei durch alle drei Stofflagen nähen. Der Korkstoff wird an der Unterkante und an den Seiten mit 1 cm eingenäht.

Kanten versäubern:
Die Kanten (unten, links und rechts) mit einer Overlock-Naht versäubern oder doppelt einschlagen und absteppen.

Oberkante der Tasche bügeln:
Die Oberkante der Tasche zweimal auf jeweils 2 cm einschlagen und bügeln. Die Tasche befindet sich immer noch auf links und der Saum wird nach links eingeschlagen.*

Henkel bügeln:
Henkel der Länge nach an der Außenkante 0,5 cm von rechts nach links einbügeln und dann auf 2 cm zusammenlegen und bügeln. Diese Vorbereitung erleichtert das Zusammennähen der Henkel.

* Dieser Arbeitsschritt bildet den oberen Saum der Tasche und dient dem Einnähen der Henkel.

Henkel nähen:
Die beiden Henkel jeweils am äußersten Rand der Länge nach zusammennähen, ca. 2–3 mm vom Rand entfernt mit einer Stichlänge von 2,5.
Diese Naht parallel an beiden Rändern der Henkel (2–3 mm) nähen.

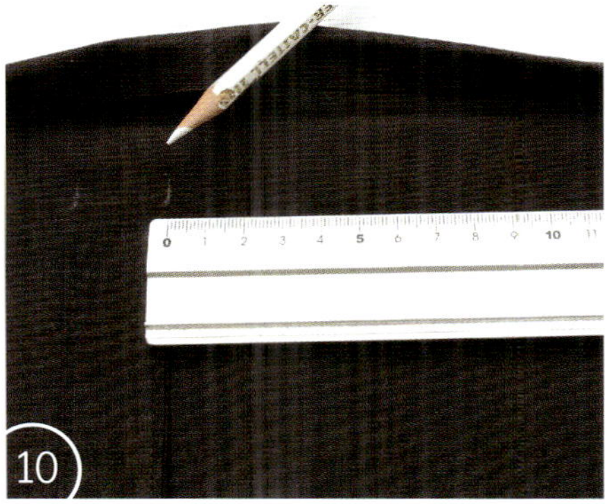

Henkelposition:
Die Position der Henkelbreite (2 cm) rechts und links 10 cm von der Außenkante der Tasche markieren (Markierung von rechts nach links bei: 10, 12, 25 und 27 cm). Die Markierung unter dem eingebügelten Rand der Tasche anzeichnen. Der Abstand zwischen den beiden Enden der Henkel beträgt 13 cm. Die Henkel unter den eingebügelten Saum an der Oberkante der Tasche anlegen und dabei darauf achten, dass die Henkel nicht verdreht sind. Die Henkel zusammen mit dem eingebügelten Saum feststecken. Diesen Arbeitsschritt auf der anderen Seite der Tasche wiederholen (2 Henkel).

Oberkante & Henkel annähen:
Die Oberkante der Tasche knappkantig ca. 2–3 mm an der Unterkante der Bügelfalte annähen. Dabei die Henkel mit annähen. Diese Naht einmal entlang des gesamten Saums der Tasche nähen. Die Overlock-Naht bzw. Steppstich-Naht dabei gerade unter den Saum legen.

Henkel sicher befestigen:
Die Henkel nach oben bzw. außen legen und im „Cross-Stitching"-Verfahren annähen. Dadurch werden die Henkel sicher an der Tasche befestigt und verleihen der Tasche Stabilität.

Tote Bag fertigstellen:
Die Tasche auf rechts wenden und die unteren Ecken so weit wie möglich rausdrücken. Tasche bügeln. Fertig ist das Tote Bag!

Zuschnitt Clutch. Ein Teil 40 x 22 cm groß aus dem Leder- bzw. Kunstlederstoff zuschneiden. Aus dem Korkstoff ein Teil 25 x 5 cm groß zuschneiden. Der Zuschnitt der beiden Teile muss sehr gewissenhaft durchgeführt werden, damit das Werkstück beim Nähen genau passt. Alle Ecken müssen im rechten Winkel sein.

Werkstück falten. Das Werkstück einmal auf 14 cm falten. Wenn nötig, mit Clips befestigen, kann aber bei einem weichen Material zu dauerhaften Abdrücken führen.

Kork-Riemen markieren. Die Position des Kork-Riemens (5 cm breit) markieren. Dazu von der Oberkante gemessen bei 21 cm und bei 26 cm die Position des Kork-Riemens an beiden Seiten des Werkstücks mit dem Markierungsstift anzeichnen.

Werkstück nähen. Die Ledernadel in die Maschine einsetzen und schwarzes Garn einfädeln. Das Werkstück von unten an der Falz beginnend mit einer Stichlänge von 3 und einem Steppstich am äußersten Rand ca. 2–3 mm entfernt von der Außenkante nähen. Am Anfang das Verriegeln der Naht nicht vergessen! Dabei darauf achten, dass beide Stofflagen genau übereinanderliegen. Nach ca. 2 cm Naht den Kork-Riemen (Kork-Seite bzw. rechte Stoffseite nach unten) 1,5 cm zwischen die beiden Stofflagen einschieben. Dabei mit dem Geodreieck den Kork-Riemen im rechten Winkel zum Werkstück positionieren.

Den Kork-Riemen zusammen mit den beiden Stofflagen nähen. Hierbei darauf achten, dass der Kork-Riemen nicht aus seiner Position rutscht und durch alle drei Stofflagen genäht wird. Nun weiter nähen bis ca. 2–3 mm zur Oberkante des Werkstücks. Sollte aufgrund der Stichlänge der letzte Stich nicht bis ca. 2–3 mm zum Rand oder über den Rand des Werkstücks hinausgehen, muss die Stichlänge ggf. verkleinert werden.

Den Fuß der Nähmaschine anheben und das Werkstück um 90 Grad nach links drehen. Weiter entlang der Oberkante ca. 2–3 mm vom Rand entfernt nähen. Falls die Stichlänge verändert wurde, diese wieder auf 3 anpassen. Bis ca. 2–3 mm zum Ende der Oberkante nähen.

Erneut den Fuß der Nähmaschine anheben und das Werkstück wieder um 90 Grad nach links drehen. Weiter nähen bis ca. 1 cm zur Überlappung der beiden Stofflagen. Nun die Falz andrücken und darauf achten, dass beide Stofflagen genau übereinanderliegen. Ca. 1 cm weiter nähen.

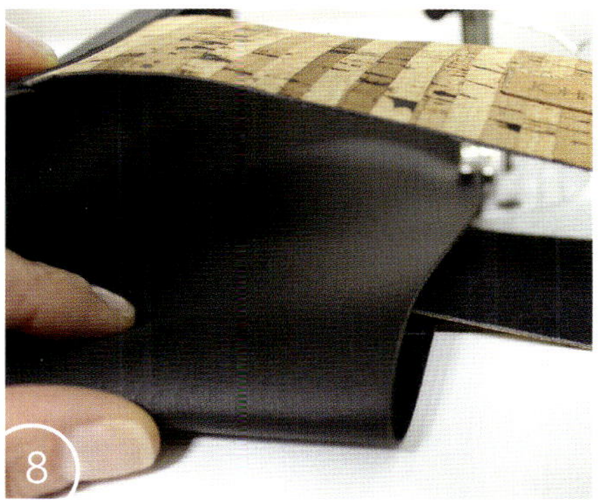

Jetzt das Werkstück von links nach rechts leicht neigen, den Kork-Riemen über das Werkstück legen und mit der linken Seite des Materials nach oben den Kork-Riemen 1,5 cm zwischen die beiden Stofflagen einschieben und an die markierte Position legen.

MADE TO BE **DIFFERENT**

Gründerin und kreativer Kopf hinter der Firma JOHNNY & JUNE ist Berit Brandt, Dipl.-Ing. für Landschaftsarchitektur. Mit der Kreativität der Architektin und ihrer Leidenschaft zur Handarbeit entstand im Jahr 2011 die Firma JOHNNY & JUNE // made to be different.

Geboren in Berlin 1979, studierte sie in Kassel und lernte hier ihren Ehemann kennen. Heute arbeiten sie in Nordhessen gemeinsam an den Produktentwürfen für JOHNNY & JUNE. Zusammen präsentieren sie handgemachte Accessoires & Kleidungsstücke, in einer kleinen Kollektion. Dabei werden hochwertige und ausgefallene Materialien verwendet und in liebevoller Handarbeit zu einzigartigen Produkten verarbeitet.

www.johnnyundjune.de

JOHNNY & JUNE

Zur Sicherheit, auf der rechten Seite das Werkstück zusammen mit dem Kork-Riemen festhalten und die Position prüfen, dazu das Werkstück wieder gerade legen. Wenn nötig, hier den Kork-Riemen gerade ausrichten und diesen ganz leicht auf Spannung positionieren.

Erneut das Werkstück leicht von links nach rechts neigen und dabei den Kork-Riemen an der Position halten. Hierbei darauf achten, dass das Werkstück nicht zu stark gefaltet wird, da das zu dauerhaften Knicken führen kann.

Das Werkstück so weit mit dem Kork-Riemen nach rechts neigen, dass unter dem Kork-Riemen genäht werden kann. Dabei die Position des Kork-Riemen festhalten.

Nun unter dem Kork-Riemen bzw. auf den drei Stofflagen weiternähen: die beiden Lederlagen und das eingeschobene Stück Kork-Riemen (1,5 cm). Beide Stofflagen des Leders fassen den Kork-Riemen ein. Dazu den Kork-Riemen nach vorne ziehen. Hierbei beachten, dass der Kork-Riemen nicht aus seiner Position rutscht und die Stofflagen des Leders genau übereinanderliegen.

Sobald der Kork-Riemen in die beiden Stofflagen eingenäht ist, diesen weiter nach vorne ziehen und das Werkstück bis zur Unterkante (Falz) nähen. Hierbei das Verriegeln der Naht nicht vergessen! Nun kann das Werkstück zusammen mit dem Kork-Riemen unter dem Fuß der Nähmaschine nach hinten rausgeschoben werden.

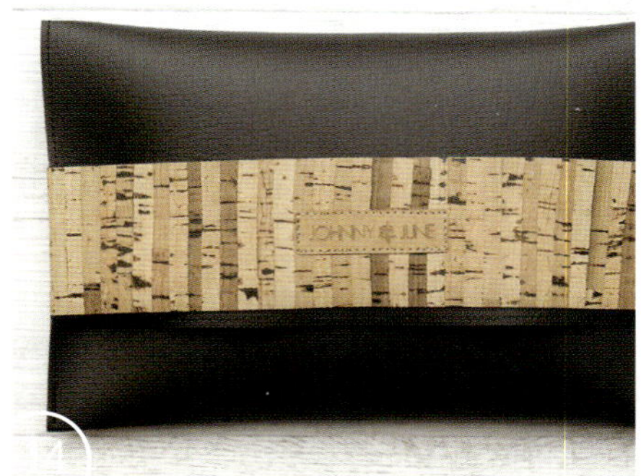

Werkstück fertigstellen. Das Werkstück gerade streichen und den oberen Teil unter den Kork-Riemen schieben. Fertig ist die Clutch!

RING MIT STERN

MATERIAL

- Korkband, ca. 7–10 x 1–1,8 cm
- Schiebeperle Stern

WERKZEUG

- Schere
- Sekundenkleber
- Ringstab mit Größenangaben, gegenenfalls ein Papier Küchenrolle

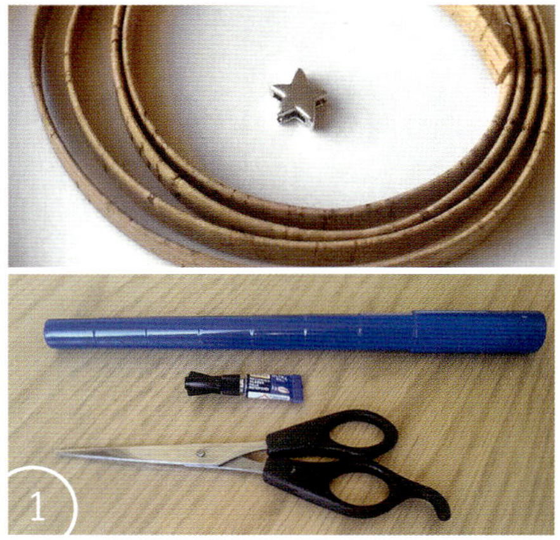

Zu Beginn alle Materialien und Werkzeuge griffbereit bei euch haben.

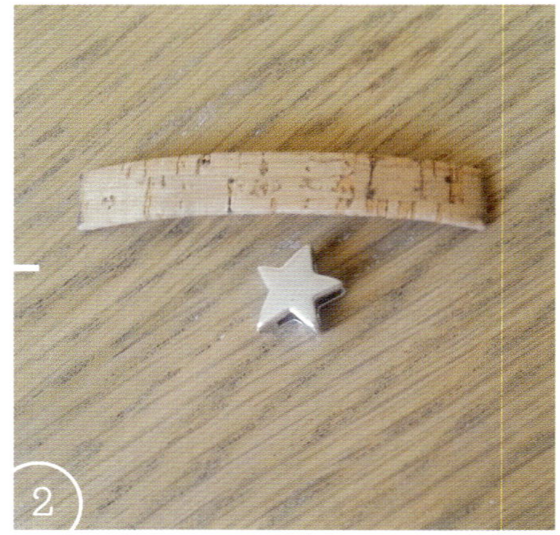

Dann ein ca. 7–10 cm langes (ca. 1 cm hohes/1,8 mm dickes) Korkband nehmen und dieses auf Wunschlänge zurecht schneiden.

Dazu grob den Ringumfang messen (Ringstab mit Größenangabe). Anschließend ca. 1 cm mehr berechnen, da der Metallstern mit einkalkuliert werden muss. Diese gesamte Länge vom Korkband abschneiden, den Stern über das Korkband schieben und dieses zusammengehalten nochmals über den Ringstab halten – dabei sollte der Ring nicht verrutschen.

Dann mit dem Kleben beginnen. Dazu eine kleine Tube Sekundenkleber GLUE extra stark nehmen, diesen vorsichtig öffnen und zur Seite legen. Anschließend den Stern erneut über das Korkband bis zum Ende der einen Seite ziehen.

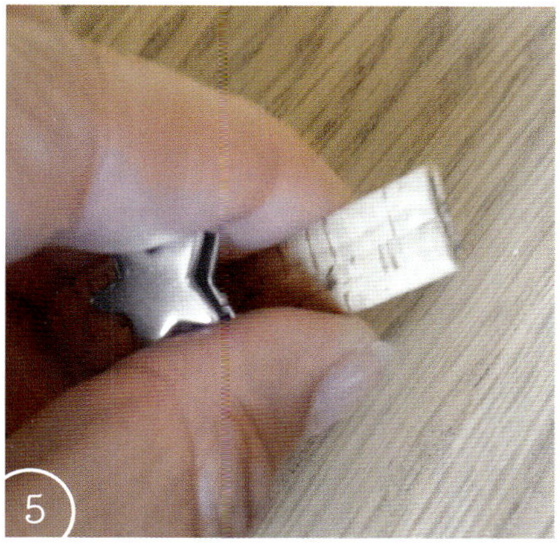

Den Stern und das Korkband in einer Hand gut festhalten und mit der anderen Hand den Kleber auf die andere offene Seite des Korkbandes der Länge nach dünn bekleben.

Sofort diese Seite mit Kleber an die andere Seite (in den Stern) kleben, gut zusammenhalten und einige Sekunden warten (am besten ein bis zwei Minuten zusammenhalten).

Sollte ein Kleberest zu sehen sein, sofort mit einem dünnen Tuch (Haushaltsrolle) wegwischen.

SCHMUCK UND MEHR

Ich heiße Bettina Schlennert, bin 42 Jahre alt, verheiratet und Mutter von 3 Kindern. Seit ca. 2 Jahren habe ich ein kleines Gewerbe für kreative Schmuckstücke aus hochwertigem Material wie Leder, Seide, Edelstahl, Perlen, Metall-Elemente u. v. m.

Ich fertige Ringe, Armbänder, Ketten und neuerdings auch gehäkelte Handtaschen. Ihr findet meine Seite auf DaWanda.

Schon als Kind war ich sehr kreativ und musste immer etwas kreiieren. Ich liebte es, aus einfachen Sachen wie Schnüren oder Leder ein paar schöne Schmuckstücke zu schaffen. Für mich war es das Größte, das Ergebnis zu sehen, und ich war sehr stolz darauf. So „bastelte" ich schon als Kind meine ersten Armbänder und Ringe. Viele Jahre später, genauer gesagt in der Elternzeit meiner Kinder, wurde daraus mein erstes eigenes Gewerbe namens JaMiAl!

Der Name steht übrigens für meine ganz persönliche große Liebe zu meinen Kindern …

Made with LOVE

JaMiAl

Janina Milena Alisa

MATERIAL

- 2 x fester Außenstoff, 37 x 24 cm (z. B. Jeansstoff oder Canvas)
- 2 x Innenstoff, 37 x 42 cm (z. B. Baumwollstoff gestreift)
- 2 x Korkstoff, 37 x 20 cm
- 2 x Vlieseline H250, 37 x 42 cm
- Nähgarn in passender Farbe
- 2 Korkriemen, 65 cm lang, min. 1,5 cm breit (wahlweise auch Kunstleder- oder andere Riemen)
- 8 Nieten, Kopfdurchmesser 10 mm

WERKZEUG

- Nadeln oder Clips zum Fixieren
- Lochzange
- Nietenpresse, ungeriffelte Zange oder Hammer
- Schere
- Bügeleisen
- Stift
- Maßband

✂ Alle Nahtzugaben sind bereits enthalten.

CANVAS **SHOPPER**

ANLEITUNG

1 Den Außenstoff und den Korkstoff an den langen Kanten einmal rechts auf rechts 0,5 cm von der Kante zusammennähen. Zum Fixieren vor dem Nähen Klammern anstatt Nadeln nehmen (Bild A).

2 Den Außenstoff entlang der Naht umfalten und bügeln. Dabei darauf achten, dass das Bügeleisen nicht den Korkstoff berührt.

A

3 Die umgebügelte Kante mit einer Stichlänge von 3 mm knappkantig abnähen.

4 Schritt 1–3 mit den jeweils zweiten Teilen wiederholen. Nun sind die Außenteile fertig.

5 Die linke Seite des Innenstoffes und die Vlieseline mit der glänzenden Seite aufeinanderbügeln. Dabei sicherstellen, dass überall mindestens 8 Sekunden Hitze einwirken kann und die zwei Teile gut miteinander verbunden sind. Nun ist das Innenteil fertig.

6 Innen- und Außenteil rechts auf rechts legen. Entlang der oberen Kante beide Teile mit Nadeln fixieren und zusammennähen.

7 Beide Teile auffalten und an der entstandenen Kante umbügeln.

8 Schritt 5–7 mit den jeweils zweiten Teilen wiederholen.

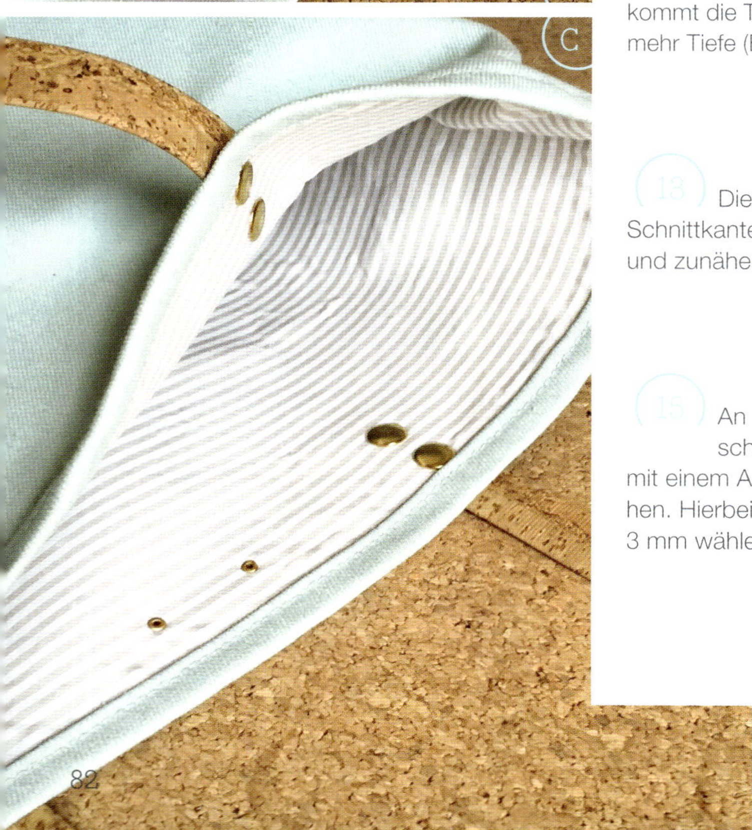

9 Die dabei entstandenen Vorder- und Rückseiten rechts auf rechts legen und feststecken. Die Abschnitte mit dem Korkstoff ausschließlich mit Clips fixieren. Jetzt liegt Innenteil auf Innenteil und Außenteil auf Außenteil. Dabei darauf achten, dass alle umgebügelten Kanten perfekt übereinanderliegen.

10 Nun können alle 4 Seiten zusammengenäht werden. An der unteren Kante des Innenstoffes eine Öffnung zum Wenden lassen (Bild B).

11 Die 4 entstandenen Ecken jeweils Naht auf Naht legen und bei 10 cm Breite abnähen. Mit einem Abstand von 1 cm die Ecken abschneiden. So bekommt die Tasche ihren Standboden und mehr Tiefe (Bild C).

12 Die Tasche auf rechts durch die Öffnung wenden.

13 Die Wendeöffnung mit den Schnittkanten nach innen feststecken und zunähen.

14 Jetzt kann das Innenteil in das Außenteil gesteckt werden.

15 An der oberen Kante der Tasche entlangbügeln und diese mit einem Abstand von 0,5 cm abnähen. Hierbei wieder eine Stichlänge von 3 mm wählen.

16 Die Riemen an den Enden jeweils zweimal lochen. Insgesamt entstehen 8 Löcher.

17 Die Riemenenden als Schablone zum Anzeichnen der Löcher auf der Tasche nehmen. Mit einem Abstand von 11 cm von der Seitennaht und ca. 2 cm von der Oberkante (kann beliebig variiert werden) die Löcher der Riemen auf den Stoff übertragen und mit der Lochzange durchdrücken.

18 Jetzt können die Nieten mit der Tasche und den Riemen zusammengesteckt und mit einer Zange, einer Presse oder einem Hammer gut fixiert werden. Darauf achten, dass die Nieten sehr eng gepresst sind, damit sie die spätere Traglast gut aufnehmen können.
Nun ist die Tasche fertig!

GERAD-LINIG

UlStO ist ein innovatives Label, welches für puristisches Design und einen nachhaltigen Lebensstil steht. Natürliche Materialien werden in präziser und kreativer Detailarbeit in handgenähte Taschen und Accessoires verwandelt.

Bei uns stehen Langlebigkeit und Nachhaltigkeit im Vordergrund. Wir möchten euch Begleiter mitgeben, die mit ihrer angenehmen Haptik und ihrem klaren Design Wohlbefinden & Stärke ausstrahlen. So seid ihr gewappnet für alles, was der Alltag mit sich bringt.

Die geradlinigen Rucksäcke unterstützen euch bei täglichen Transporten, unsere einmaligen Schultertaschen lassen euch in allen Lebenslagen gut aussehen und die funktionalen Portemonnaies bieten für alles Wichtige Platz, ohne dick aufzutragen.

Mit diesen praktischen Begleitern nehmt ihr getreu unserem Motto „Cork to Carry“ ein Stück Natur mit in die Schnelligkeit der heutigen Zeit.

MIT HERZ
UND SCHLEIFE

Mein Name ist Diana und ich komme aus der Nähe von Stuttgart.

Nach dem Modedesign-Studium habe ich 2012 das Label „DAIÅÅN – mit herz und schleife“ gegründet.

Manchmal mit Schleife, aber immer mit Herz entstehen in kleinem Atelier Mode- & Wohnaccessoires aus Leder und Textilgarn.

Aufgrund seiner geschmeidigen Oberfläche und robusten Beschaffenheit habe ich das Naturprodukt Kork als ideales Material für meine Geldbörse „Anni“ entdeckt.

DAIÅÅN
mitherzundschleife

GELDBÖRSE „ANNI“

ANLEITUNG

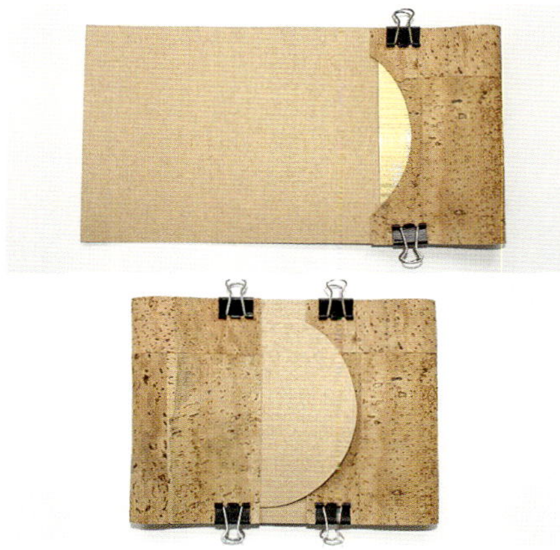

Zuerst das Korkleder in zwei Teile zuschneiden. Die Geldbörse setzt sich aus einem Rechteck (25 x 10 cm) als Hauptteil und einem Quadrat (10 x 10 cm) als Lasche zusammen. Für das Kartenfach an einem Ende des Rechtecks eine Rundung ausschneiden. Die Lasche zum Verschließen des Kleingeldfachs entsteht durch Abrunden einer Seite des Quadrats. Achtet darauf, dass auf beiden Seiten der Lasche eine Kantenlänge von ca. 5 cm erhalten bleibt.

Schlagt das Kartenfach mithilfe einer Karte zur Mitte hin ein und fixiert beide Seiten. Legt die Lasche mit der Innenseite nach oben auf das Rechteck, klappt das offene Ende darüber und fixiert es. Lasst zwischen beiden Fächern der Geldbörse einen Abstand von ca. 2 cm.

MATERIAL

- Korkleder, ca. 35 x 12 cm
- Nähgarn
- Druckknopf (Metall)

WERKZEUG

- Nähmaschine
- Schere
- Lochzange
- Druckknopfzange
- Vielzweckklemmen

✂ Alle Nahtzugaben sind bereits enthalten.

ℹ Durch Verriegeln der Nähte erhaltet ihr an den Übergängen stabile Fächer.

3 Steppt die fixierten Längsseiten mit der Nähmaschine ab.

4 Zum Schluss bringt ihr einen Druckknopf mittig am Kleingeldfach an.

ℹ Durch Einsetzen des Druckknopf-Oberteils in die Lasche könnt ihr vor dem Vernieten die Markierung für das Loch des Druckknopf-Unterteils setzen.

Perfekter Weggefährte!

KUMMER-
KORKI

MATERIAL

- Stoff für die Vorderseite, Arme, Beine und Ohren, 30 x 70 cm
- Dehnbarer Stoff für die Rückseite, 19 x 33 cm
- Kork, SnapPap, Leder oder Filz für die Hose, Nase und Ohren, 34 x 15 cm
- SnapPap oder Filz in Weiß für die Zähne, 5 x 3 cm
- Nähgarn in passender Farbe
- Füllwatte
- 2 Druckknopf-Sets
- Nadel und Faden zum Schließen der Wendeöffnung

WERKZEUG

- Bürodrucker, der A4-Papier drucken kann
- Papierschere
- Tesafilm
- Stecknadeln oder Klammern
- Stoffschere
- Schneiderkreide/Kugelschreiber/Trickmarker
- Bügeleisen
- Nähmaschine mit Steppstich/Geradstich
- ggf. Nahttrenner

✂ **Das Schnittmuster** einfach unter **www.anleitungen.lv-buch.de** herunterladen und auf A4-Papier ausdrucken (nicht verkleinern). Alle Nahtzugaben sind bereits enthalten.

ANLEITUNG VON shesmile DO IT YOURSELF

vorgestellt auf Seite 50

ANLEITUNG

Los geht's! Schnittmuster auf A4-Papier ausdrucken. Alle Teile an der durchgezogenen Linie bzw. an der Außenkante der Nahtzugabe (grauer Bereich) zuschneiden.

Das Körperschnittmuster vorher wie auf dem Schnittmuster beschrieben an den Rautelinien zusammenkleben und erst dann an der dicken, durchgezogenen Linie bzw. an der Außenkante der Nahtzugabe (grauer Bereich) zuschneiden.

Schnittmuster aufzeichnen. Alle Teile wie auf dem Schnittmuster beschrieben zuschneiden.

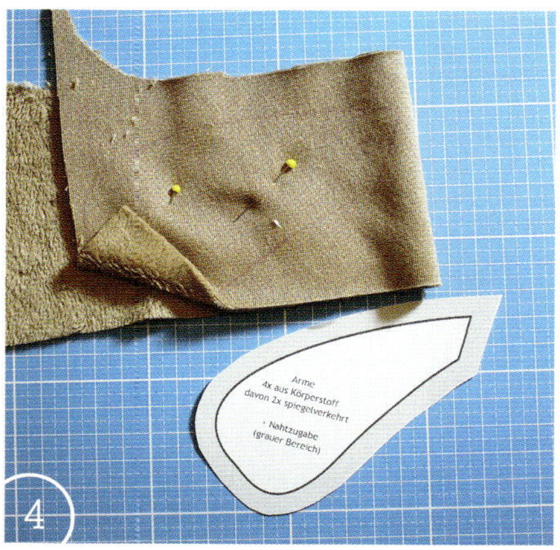

Arme und Beine werden am besten in doppelter Stofflage aufgezeichnet und auf einmal zugeschnitten. So entstehen bereits die passenden Gegenstücke und ihr braucht dies nur je 2x zu schneiden. Die Stoffteile können auch gleich so gesteckt bleiben fürs Nähen.

Das Gesicht! Los geht's mit dem Gesicht. Wo genau dieses platziert wird, seht ihr auf dem Schnittmuster für den Körper. Legt euch alle Elemente bereit und zeichnet den Mund an den Zähnen entlang auf.

Alle Elemente nun mit Textilkleber, Stylefix oder Vliesofix Fixieren – Hauptsache es verrutscht beim Festnähen nicht.

Am Anfang und Ende nicht vor- und rücknähen, sondern die Fäden zum Schluss auf die linke Stoffseite ziehen und dort verknoten.

Alle Teile an passender Stelle auf den Körper nähen. Bei zu dünnen Stoffen empfiehlt es sich, ein Vlies von der linken Stoffseite aus unterzubügeln. Auf jeden Fall nach dem Nähen nochmal von links bügeln. So bleiben keine Wellen oder Beulen.

Arme und Beine. Die Stoffteile für Arme und Beine Füßchenbreit an der Markierung zusammennähen. Wendeöffnung nicht vergessen: bei den Armen an der schmalen Öffnung, bei den Beinen an der geraden Kante.

Nach dem Zusammennähen den Stoff bis auf 3 mm zurückschneiden.

Mit einem Wendestäbchen wenden. Mit etwas Füllwatte füllen.

Die Ohren. Die Ohren werden genau wie die Arme und Beine genäht. Aber es werden zwei unterschiedliche Stoffarten zusammengenäht. Beide Stoffe rechts auf rechts legen und fixieren.

Ebenfalls zusammennähen und überschüssigen Stoff bis auf 3 mm zurückschneiden.

Wenden. Nicht mit Watte füllen.

Die Latzhose. Nun die Hose und die Hosentasche an der Oberkante um 1 cm nach hinten umfalten. Knapp an der Kante festnähen.

Die Tasche an passender Stelle auf die Hose nähen. Vor allem bei den Übergängen etwas darüben hinaus nähen und mehrfach vor- und rücknähen. So kann die Tasche nicht abreißen.

Die Druckknöpfe an passender Stelle auf die Hose und auf die Träger befestigen. Als Platzierungshilfe dient wieder das Schnittmuster, aber auch die fertige Körper-Vorderseite.

Alles kombinieren: Nun alle Einzelteile nach innen gedreht auf der Vorderseite des Körpers fixieren. Am besten eignen sich hierbei Klammern.

Oder: Alle Teile mit wenigen Stichen knapp am Stoffrand (innerhalb der Nahtzugabe) festnähen. So kann gleich beim Zusammennähen nichts verrutschen.

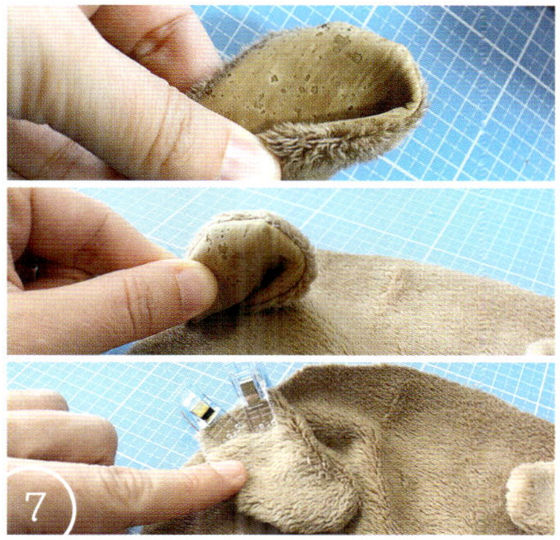

Ohren auf den Körper: So geht's.

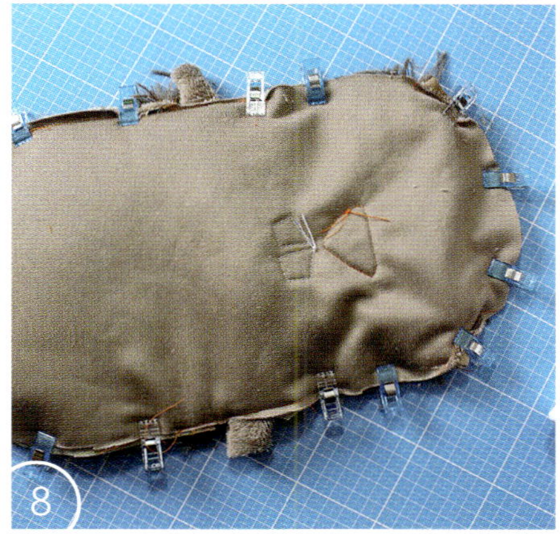

Zusammennähen. Die Rückseite des Körpers rechts auf rechts darauflegen und erneut mit Klammern oder Nadeln fixieren.

Rundum zusammennähen. Besonders darauf achten, dass die Hilfsnähte zum Fixieren von Armen, Beinen und Co. außerhalb der neuen Naht liegen. Wendeöffnung nicht vergessen.

Wenden. Mit Füllwatte füllen. Nicht zu viel Füllwatte verwenden, sonst kann man in die Taschen nur schlecht etwas hineinschieben.

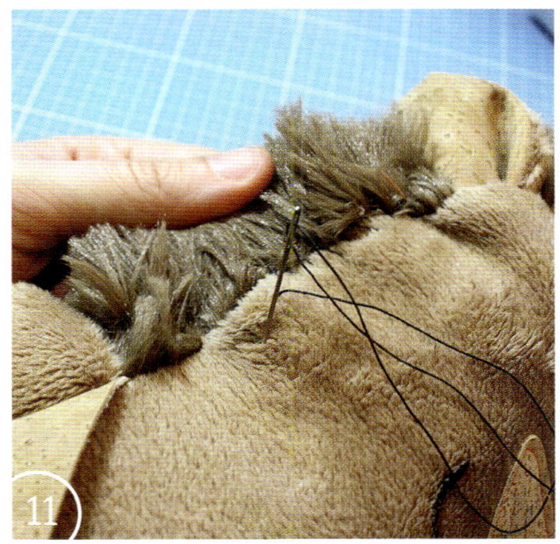

Und fertig! Die Wendeöffnung mit der „Zaubernaht" schließen. Leiterstich, Blindstich, Matratzenstich – Die Zaubernaht. Eine Schritt-für-Schritt-Anleitung mit vielen Bildern und einem Anleitungs-Video gibt es hier: **http://bit.ly/zaubernaht**

Nicht nur für
Denksportbegeisterte.

SCHACHBRETT-MUSTERTASCHE

MATERIAL

- Korkstoff in Cremeweiß und Schwarz, je ca. 0,5 m
- fester Baumwollstoff, ca. 0,5 x 1,4 m

WERKZEUG

- Nähmaschine und Nähzubehör
- Lineal
- Stoff- oder Wäscheklammern
- optional: Rollschneider, Schneidematte und Wendeset

Alle Nahtzugaben sind bereits enthalten.

ANLEITUNG

Material vorbereiten. Für Deine Tasche aus Korkstoff brauchst Du natürlich Kork. Wähle dabei zwei verschiedene Farben, welche Du nimmst, kannst Du selbst entscheiden. Wähle dazu noch einen passenden Baumwollstoff, z. B. Canvas, für das Innenfutter.

Korkstoff zuschneiden. Schneide den Korkstoff in 5 cm breite Streifen. Hierzu ist ein Rollschneider sehr hilfreich. Für eine Taschenseite brauchst Du 8 weiße (ca. 35 cm lang) und 6 schwarze Streifen (ca. 45 cm lang). Schneide aus dem Baumwollstoff drei Stücke zu je 32 x 42 cm zu. Der fertige Beutel misst dann praktische 30 x 40 cm. Für die Träger benötigst Du noch zwei Streifen, die ca. 82 x 8 cm messen.

Korkstoff weben. Verwebe den Korkstoff zu einem Schachbrettmuster. Am besten gelingt das, wenn Du Reihe für Reihe webst und vernähst. Ich habe immer nur auf dem schwarzen Kork genäht, da man das schwarze Garn dort fast nicht sieht. Stoffklammern helfen Dir beim Fixieren des Korks, das Material vernäht sich aber sehr gut und unkompliziert, der normale Nähfuß gleitet gut darüber.

Rückseite vorbereiten. Wenn Du alle Streifen verwebt hast, nähe einmal in der Nahtzugabe drumherum, damit alles schön fixiert ist. Auf den Baumwollstoff für die Rückseite habe ich einfach die übrigen Korkstreifen genäht, natürlich könntest Du auch diese Seite im Schachbrettmuster gestalten.

Träger nähen. Nähe jetzt die Schnittteile für die Träger rechts auf rechts an den langen Kanten zusammen und wende sie anschließend. Hier kann ein Wendeset hilfreich sein.

Futterstoff annähen. Lege Deinen Futterstoff rechts auf rechts auf das Vorder- bzw. Rückenteil Deiner Außentasche. Die Träger kommen jeweils dazwischen. Achte darauf, dass beide Träger an denselben Stellen angebracht werden. Nähe alles an der oberen Kante zusammen.

7

Tasche zusammennähen. Lege die Taschenteile für die Vorder- und Rückseite aufeinander. Dabei liegen jeweils Außentasche und Innenfutter rechts auf rechts zusammen. Achte darauf, dass die Träger innen liegen und Dir nicht in die Naht rutschen. Nun alles rundherum zusammennähen und dabei an einer Seite im Futter eine großzügige Wendeöffnung lassen.

8

Und fertig! Wende Deine Tasche, schließe die Wendeöffnung und fertig ist Deine Tasche aus Kork mit coolem Schachbrettmuster.

KREATIVER **SCHACHZUG**

Handgemachtes in allen Facetten begeistert mich seit langem. Sei es an der Nähmaschine, am Stickrahmen oder mit dem Farbkasten unterm Arm: Eigene Ideen umzusetzen und ein Projekt dann in den Händen zu halten, ist eine Erfahrung, die den stressigen Alltag zurücktreten lässt. Nach manch langem Arbeitstag in der Berliner Start-Up-Welt widme ich mich gerne neuen und alten Techniken, probiere Materialien aus oder finde Inspiration im Austausch mit anderen Selbermachern. Für DaWanda DIY with love konnte ich viele meiner Ideen umsetzen und mit anderen Handmade-Fans teilen. Auf Instagram unter @lukation_d zeige ich dann und wann, was bei den kreativen Experimenten herauskommt.

© LV·Buch im Landwirtschaftsverlag GmbH, 48084 Münster, 2016

Das Werk einschließlich aller seiner Teile ist urheberrechtlich geschützt. Jede Verwertung außerhalb der engen Grenzen des Urheberrechtsgesetzes ist ohne Zustimmung des Verlages unzulässig und strafbar. Das gilt insbesondere für Vervielfältigungen, Übersetzungen und die Einspeicherung und Verarbeitung in elektronischen Systemen. Die Informationen in diesem Buch wurden nach bestem Wissen zusammengestellt. Alle Empfehlungen sind ohne Gewähr seitens des Autors oder des Verlegers, der für die Verwertung dieser Informationen jede Verantwortung ablehnt.

Gestaltung:	Kristin Bertels, KreaTec im Landwirtschaftsverlag GmbH
Illustrationen:	Florencia Orpianesi, DaWanda GmbH
Lektorat:	Gisela Gottbrath, www.alpha-office-muenster.de
Druck:	Westermann Druck Zwickau GmbH

ISBN 978-3-7843-5460-6

Bling
Bling
Reisebegleiter